T0157293

Printed in the United States
By Bookmasters

بِسْمِ اللَّهِ الرَّحْمَنِ الرَّحِيمِ

(وَلا يَحْسَبَنَّ الَّذِينَ يَبْخَلُونَ بِمَا آتَاهُمُ اللَّهُ مِنْ فَضْلِه هُوَ خَيْراً لَهُمْ بَلْ هُوَ شَرٌّ لَهُمْ سَيُطَوَّقُونَ مَا بَخِلُوا بِهِ يَوْمَ الْقِيَامَةِ وَلِلَّهِ مِيرَاثُ السَّمَاوَاتِ وَالْأَرْضِ وَاللَّهُ بِمَا تَعْمَلُونَ خَبِيرٌ)

[سورة آل عمران آية : 180]

النشر الالكتروني وأثره على
المكتبات ومراكز المعلومات

النشر الالكتروني وأثره على المكتبات ومراكز المعلومات

خالد عبده الصرايره
مكتبات ومعلومات

الطبعة الأولى

1428هـ - 2008م

كنوز المعرفة

دار كنوز المعرفة العلمية للنشر والتوزيع

رقم الإيداع لدى دائرة المكتبة الوطنية (2007/7/2074)

070,5

الصرايرة ، خالد

النشر الالكتروني وأثره على المكتبات ومراكز المعلومات

خالد عبده الصرايرة- عمان : دار كنوز المعرفة 2007

(183) ص.

ر.إ: (2007/7/2074).

الواصفات: /النشر الالكتروني//المكتبات//مراكز المعلومات/

تم إعداد بيانات الفهرسة والتصنيف الأولية من قبل دائرة المكتبة الوطنية

دار كنوز المعرفة العلمية للنشر والتوزيع

وسط البلد - مجمع الفحيص التجاري

تلفاكس: 4655877 6 00962 - موبايل: 5525494 79 00962 ص. ب 712577 عمان

E-Mail: dar_konoz@yahoo.com

ISBN : 978-9957-463-45-0 (ردمك)

تنسيق وإخراج صفاء نمر البصار 079 6404300

الإهداء

إلى والديّ أطال الله في عمرهما

إلى زوجتي عوني وسندي في الحياة

إلى ابنتي أريام قرة عيني ونور قلبي

إلى هؤلاء جميعاً أهدي هذا الكتاب

خالد الصرايره

محتويات الكتاب

الفصل الأول

النشـــــر الالكترونــــــي

المطلب الأول:- مفهوم النشر الالكتروني.. 20

المطلب الثالث:- أدوات النشر الالكتروني. 32

مراحل النشر الالكتروني

المطلب الأول:- مراحل النشر الالكتروني 46

المطلب الثاني :- أشكال النشر الالكتروني 51

المطلب الثالث :- مجالات النشر الالكتروني 56

الفصل الثاني

أثر النشر الالكتروني على المكتبات ومراكز

المعلومات وعلاقته بالانترنت

المبحث الأول

أثر النشر الالكتروني على المكتبات

المبحث الثاني

علاقة النشر الالكتروني

المبحث الثاني
أهم الإجراءات الواجب على المكتبات العربية اتخاذها لمواجهة

المقدمة

في مقارنة بسيطة بين الماضي القريب والحاضر نجد أن هنالك تطوراً هائلاً في المجال التكنولوجي ، حيث لا نستطيع أن نشهد تطوراً معيناً ونبدأ في فهمه والعمل به، حتى يلحقنا تطوراً آخر ليكون أكثر إبداعا وتميزاً.

ولا بد أن يتأثر أفراد المجتمع الدولي بهذا النوع من التطور، وذلك لأنه يمس جانباً من جوانب حياتهم بشكل أو بآخر. ونجد أن من أهم هذه الجوانب:- جانب الحصول على المعلومة من قبل طالبيها، حيث يعمل كل طالب للمعلومة في الحصول عليها بأسرع وقت ممكن ودون بذل الجهد المضني بالتنقل من مكان لآخر. ولأن الهدف الأساسي لصاحب المعلومة هو نشرها لأكبر عدد من الأفراد، فأنه قد استخدم هذا التطور التكنولوجي في نشر معلوماته على أوسع نطاق ممكن، وذلك بالنشر الالكتروني.

ولالتقاء هدف كل من طالب المعلومة وناشرها، فإن ذلك كان له أكبر التأثير في توسع العمل بالنشر الالكتروني، لأننا قد نجد أن هذا النوع من النشر سيحل محل النشر التقليدي (الورقي). ولكن ذ لك لا يمنع من وجود بعض السلبيات التي ترافق هذا النوع من النشر، وهذا يستلزم وجود أسس وضوابط لتحمي المعلومة من جهة وحماية صاحب النشر من جهة أخرى.

وحتى نستطيع الاستفادة من هذا النوع من النشر بأقصى درجة ممكنه خاصة في الدول النامية ،فلا بد من اتخاذ مجموعة من الإجراءات خاصة فيما يتعلق بالتوعية الواسعة والشاملة بالنسبة للمعلومة ذاتها ، فهناك الكثير من المعلومات الهادفة والدخيلة التي يقصد بها فئات معينة من الشباب خاصةً في الوطن العربي.

ولذلك فقد عملت في هذا الكتاب على بحث موضوع النشر الالكتروني من جميع جوانبه، حيث تضمن أربعة فصول ، تحدثت في الفصل الأول منه عن تحديد مفهوم النشر الالكتروني و المكونات الأساسية لنظامه وأدواته ومزاياه وعيوبه وكذلك بحثت مراحل تطوره وأشكاله ومجالاته.

أما الفصل الثاني فقد تضمن اثر النشر الالكتروني على المكتبات ومراكز المعلومات من حيث خدمات المكتبات ومراكز المعلومات والعاملون فيها ومصادر المعلومات ومبانيها والمستفيدين منها، وأيضاً تضمن النشر الالكتروني والانترنت من حيث تحديد مفهوم الانترنت ومراحله وخدماته ومتطلباته وإيجابياته وسلبياته ومجالات استخدامه في المكتبات ومراكز المعلومات وعلاقته بالنشر الالكتروني.

أما الفصل الثالث فقد خصص للدوريات الالكترونية من حيث تحديد مفهومها، ومزاياها، وعيوبها، وتطورها، ومعايير وأسس ومصادر وأدوات اختيارها، وتضمن أيضاً نماذج من مشاريع الدوريات الالكترونية الرائدة في هذا المجال.

أما الفصل الرابع فقد خصص ليبحث النشر الالكتروني العربي من حيث تحديد مشكلاته والتي تتلخص في مشكلة الأمية، واللغة، والمشكلة الاقتصادية، ومشكلة نقص الأجهزة، ومشكلة الحماية القانونية للمؤلفات. وقد أشتمل أيضاً على تحديد أهم الإجراءات الواجب على المكتبات ومراكز المعلومات العربية اتخاذها لمواجهة التحديات التكنولوجية الحديثة ومنها، تهيئة البنية التحتية المناسبة للعمل بالتكنولوجيا الحديثة، والتعاون بين المكتبات، وعدم الوقوف عند حد الاشتراك في قواعد المعلومات الالكترونية، وخلق الوعي بين أفراد المجتمع بقدرات المكتبات الحديثة، ثم بحثت واقع النشر الالكتروني العربي.

وفي النهاية عملت على تزويد الكتاب بملحق مرتب هجائياً يتضمن شرح وافي للمصطلحات الوارد ه في الكتاب، للتسهيل على القارئ فهمها، مما يزيل أي غموض يتكون لدية في أي جزئية كانت، متمنيا من الله التوفيق وان كان هناك أي صواب فمن الله عز وجل وان كان هناك أي خطا فمن نفسي .

والله الموفق

خالد الصرايره

الفصل الأول

النشر الإلكتروني

المطلب الأول: مفهوم النشر الالكتروني.

المطلب الثالث: أدوات النشر الالكتروني

مراحل النشر الالكتروني وأشكاله ومجالاته

المطلب الأول: مراحل النشر الالكتروني

المطلب الثاني : أشكال النشر الالكتروني

المطلب الثالث : مجالات النشر الالكتروني

الفصل الأول

النشر الالكتروني

تمهيد:

منذ إن وجد الإنسان كان اتصاله شفهياً أو بالإشارة، إلى أن ظهرت الكتابة، فاستخدم رقاق الحجارة وجدران الكهوف ولحاء الشجر وعسف النخيل وجلود الحيوانات، ثم اكتشف قدماء المصريين ورق البردي، فأصبح مادة الكتابة الأولى في العصور القديمة ولمدة ليست بالقصيرة حتى اخترع الصينيين الورق، وأخذ يحل تدريجياً محل البردي، إلى أن سيطر تماماً على مادة الكتابة. وبعد ذلك اخترعت الطباعة حيث استخدمت آلات الطباعة اليدوية ثم ألآت الطباعة الكهربائية، وبعد ذلك ظهرت الحاسبات الآلية لتحل محل آلات الطباعة، ولتستخدم في طباعة الكتب والمجلات والجرائد وفي جميع مجالات الحياة. وأصبح النشر يزدهر في عصر الحاسبات الآلية إلى أن ظهر الانترنت ، الذي أصبح يستخدم على نطاق واسع في نشر جميع أنواع المعلومات الإنسانية منها والعلمية، وهنا ظهر ما يعرف بالنشر الالكتروني، فظهرت الكتب والدوريات والصحف والمجلات الالكترونية حيث تقرأ على شاشة الكمبيوتر، وقد وفر الوقت والجهد والسرعة في البحث عن المعلومات. لذلك سوف نناقش في هذا الفصل النشر الالكتروني في مبحثين: يتضمن الأول مفهوم النشر الالكتروني والمكونات الأساسية لنظامة وادواتة ومزاياه وعيوبه، والثاني يتضمن مراحل النشر الالكتروني وأشكاله ومجالاته .

المبحث الأول

مفهوم النشر الالكتروني والمكونات الأساسية

لنظامه وأدواته ومزاياه وعيوبه

لا بد لنا قبل التعمق في النشر الالكتروني بشكل موسع من تحديد مفهومه وبيان المكونات الأساسية لنظامة وأدواته ، وتحديد مزاياه وعيوبه بالنسبة للنشر الورقي. ولذلك سوف نقوم بتقسيم هذا المبحث إلى أربعة مطالب يتضمن المطلب الأول مفهوم النشر الالكتروني، و المطلب الثاني المكونات الأساسية لنظام النشر الالكتروني، والمطلب الثالث أدوات النشر الالكتروني،و المطلب الرابع مزايا وعيوب النشر الالكتروني.

المطلب الأول:- مفهوم النشر الالكتروني.

عرف الزمخشري النشر لغة أنه:-"نشر الثوب، ونشر الثياب والكتب، وصحف منتشرة،ونشر الشيء فانتشر،فانتشروا في الأرض:أي تفرقوا ،ونشر الخبر أي أذاعه ،وانتشر الخبر بين الناس،وله نشر طيب،وهو ما انتشر من رائحته"[1].

ويفهم من ذلك إن النشر لغة هو الإذاعة أو الإشاعة أو جعل الشيء معروفا بين الناس.

1 - الزمخشري، أساس البلاغة، بيروت: دار المعرفة للطباعة والنشر ، 1982، ص 456 .

أما اصطلاحا فيقصد بالنشر- توصيل الرسالة الفكرية التي يبدعها المؤلف إلى جمهور المستقبلين أي القراء أو المستفيدين المستهلكين للرسالة [1].

والنشر الالكتروني مفهوم حديث ظهر في أواخر القرن العشرين ،لذلك كثرت محاولات تحديد مفهومه حيث جاء انه :-

1- "الاختزان والتطويع والبث والتقديم الرقمي للمعلومات على أن تنظم المعلومات في شكل وثيقة ذات بناء معين (structured document) ويمكن إنتاجها كنسخه ورقيه، كما يمكن عرضها الكترونيا، كما يمكن أن تشمل هذه الوثائق معلومات في شكل نصي- أو صور أو رسومات يتم توليدها بالحاسب الآلي" [2].

2- "العملية التي يتم من خلالها تقديم الوسائط المطبوعة (printed based materials) كالكتب والأبحاث العلمية بصيغة يمكن استقبالها وقراءتها عبر شبكة الانترنت، هذه الصيغة تتميز بأنها صيغه مضغوطة (compacted) ومدعومة بوسائط وأدوات كالأصوات والرسوم ونقاط التوصيل (hyperlinks)التي تربط القارئ بمعلومات فرعية أو بمواقع على شبكة الانترنت" [3]

3- "عملية استخدام الأجهزة الإلكترونية في مختلف مجالات الإنتاج والإدارة والتوزيع للبيانات والمعلومات وتسخيرها للمستفيدين كما هو الحال في النشر بالوسائل والأساليب التقليدية، فيما عدا أن ما ينشر من مواد معلوماتية لا يتم

---

1 - شعبان عبد العزيز خليفة ،النشر الحديث ومؤسساته، الإسكندرية: دار الثقافة العلمية،1998، ص14.

2 - د ، احمد أنور بدر : الاتصال العلمي ، الإسكندرية: دار الثقافة العلمية ، 2001، ص 140.

3 - أمن النشر الإلكتروني،- مجلة الحاسوب، الجمعية الأردنية للحاسبات، ع54، 2002، ص17.

إخراجها ورقياً لأغراض التوزيع بـل يـتم توزيعهـا عـلى وسـائط إلكترونيـة كـالأقراص المرنـة أو المدمجة أو من خلال الإنترنت"[1].

4- "إتاحة الأعمال الفنية أو الأدبية للجمهور للإطلاع عليها أو شرائها والاستفادة منهـا عـن طريـق الأقراص الممغنطة أو المليزرة أو المدمجة أو من خلال شبكة الإنترنت الدولية"[2].

5- "استخدام الناشر للعمليات المعتمدة على الحاسب الإلكتروني، التي يمكن بواسطتها الحصول عـلى المحتوى الفكري وتسجيله وتحديد شكله وتجديدة، من أجل بثه لجمهور بعينه"[3].

6- "تجهيز واختزان وتوزيع المعلومات باستخدام الحاسبات والاتصالات عن بعد والمنافذ الطرفية"[4].

7- "إحلال المادة التي تنتج الكترونيا وتعرض عاده على شاشة الطرفي ("cathode ray tube "crt) محل المادة التي تنشر في شكل مطبوعات ورقيه "[5].

1 - م،حسام شوقي ، حماية وأمن المعلومات على الإنترنت، القاهرة: دار الكتب العلمية للنشر والتوزيع، 2003، ص143.

2 - د، حمدي سعد احمد احمد، الحماية القانونية للمصنفات في النشر الإلكتروني الحديث: دراسة قانونية في ضوء قانون حماية الملكية الفكرية، القاهرة: دار الكتب القانونية، 2007، ص85.

3 - د ، محمد جاسم فلحي ، النشر الإلكتروني: الطباعة والصحافة الإلكترونية والوسـائط المتعـددة، عـمان: دار المنـاهج للنشر والتوزيع، 2006، ص71.

4 - د، شوقي سالم، صناعة المعلومات: دراسـة لمظاهر تكنولوجيا المعلومـات المطورة وآثارهـا عـلى المنطقـة العربيـة، الكويت: شركة المكتبات الكويتية، 1990، ص339.

5 - د. محمد محمد أمان، النشر الالكتروني وتأثيره على المكتبات ومراكز المعلومـات ، المجلـة العربيـة للمعلومـات ، تونس ،مج6 ، ع1، 1985، ص6.

8- " استخدام الحاسب الآلي والتجهيزات المرتبطة به لأغراض اقتصادية في إنتاج المطبوع التقليدي على الورق ، وأكثرها تعقيدا هو استغلال الأوعية الالكترونية بما في ذلك الحركة والصوت والمظاهر التفاعلية في إنشاء أشكال جديدة تماما من المنشورات "[1].

9- "الاختزان الالكتروني للمعلومات سواء كانت نصية أو صورة أو رسوم مع تطويعها وبثها وتقديمها "[2].

10- استخدام الناشر للعمليات المعتمدة على الحاسب الالكتروني، والتي يمكن بواسطتها الحصول على المحتوى الفكري، وتسجيله، وتحديد شكله، وتجديده من أجل بثه، بطريقة واعية، لجمهور بعينه [3].

11-" هو استخدام الأجهزة الالكترونية في مختلف مجالات الإنتاج والإدارة والتوزيع للبيانات والمعلومات وتسخيرها للمستفيدين (وهو يماثل تماما النشر بالوسائل والأساليب التقليدية) فيما عدا إن ما ينشر من مواد معلوماتية لا يتم إخراجها ورقيا لأغراض التوزيع بل يتم توزيعها على وسائط إلكترونية كالأقراص المرنة أو الأقراص المدمجة أو من خلال الشبكات الالكترونية كالانترنت.. ولأن طبقة النشر هذه تستخدم أجهزة كمبيوتر إلكترونية في مرحلة أو في جميع مراحل الإعداد للنشر أو للإطلاع على ما ينشر من مواد ومعلومات فقد جازت عليه تسمية النشر الالكتروني "[4].

1- Lancaster. F.w;electronic publishing; library trends.-vol. 37,no.3(winter 1989), pp.316-325.

2 - Spring ,Michael . b:electronic printing and publishing : the document processing revaluation . new york : marcel dekker, inc ; 1991, pp. 321.

3- د. حشمت قاسم، مدخل لدراسة المكتبات وعلم المعلومات، ط2، القاهرة: دار غريب للطباعة والنشر- والتوزيع، 1995، ص194.

4- د . صادق طاهر الحميري ، النشر الالكتروني وعالم من الحداثة والتجديد - موقع الكتروني -
www.nic.gov.ye/site %20containts / about%20nic/activites/magazines/information-1/technology.htm

وبعد هذا العرض السريع للتعريفات السابقة يتضح لنا أن النشر الالكتروني **هو استخدام**
الأجهزة الالكترونية والتكنولوجيا الحديثة وفي مقدمتها الحاسبات الآليـة في مختلـف مجـالات
النشر كالإنتاج والتوزيع والإدارة، حيث يتم توزيعها عـلى وسـائط إلكترونيـة كـالأقراص المرنـة
والأقراص المدمجة والشبكات العالمية كالانترنت بحيث يستخدمها المستفيدين (المستخدمين)
بكل سهولة ويسر.

المطلب الثاني: المكونات الأساسية لنظام النشر الالكتروني

يوجد العديد من المكونات الأساسية التي تكون في مجملها نظام النشر الالكتروني، وهي جهاز الكمبيوتر، وشاشة العرض المرئي، وآلة المسح الضوئي، والطابعة، ولغة صف الصفحة التي تمكن الطابعة من إنتاج وصف الحروف والأشكال وطباعة العناصر الغرافيكية، وسنستعرض كل جزء من أجزاء نظام النشر الالكتروني بشئ من التفصيل [1]:

1- أجهزة الكمبيوتر المستخدمة في النشر الالكتروني

إن حزم البرامج الشائع استخدامها في أنظمة النشرـ الالكتروني يتم تحميلها فقط على أجهزة كمبيوتر (أبل) أو أجهزة كمبيوتر IBM والأجهزة المتوافقة معها، ويرجع ذلك للأسباب التالية:

أ. أن أجهزة (أبل) كانت تتمتع عند ظهورها بشاشات ذوات قوة تبيين عالية. يمكن لها أن تقوم بتوضيح وتبيين أشكال الحروف والعناصر الغرافيكية.

ب. أن أجهزة كمبيوتر (أبل) ظهرت بمصاحبة فأرة Mouse كأداة مساعدة إضافية إلى جانب لوحة المفاتيح.

ج. أن أجهزة (أبل) كانت في تصميمها الأساسي أقوى من أجهزة IBM.

د. نظام التشغيل في أجهزة (أبل) يتسم بالسهولة بالنسبة للمستفيد.

1 - د. محمد فتحي عبد الهادي ، أبو السعود إبراهيم، النشر الالكتروني ومصادر المعلومات الالكترونية، القاهرة: دار الثقافة العلمية، [د.ت]، ص23-35.

إلا أن شركة IBM تحاول جدياً اللحاق بأجهزة (أبل) في هذا السبيل فبدأت بزيادة قوة تبيين شاشات أجهزتها، وزيادة سرعة معالجات البيانات، وإتاحة قدر أكبر من الذاكرة العشوائية وتزويد أجهزتها بفأرة، كما بدأت بطرح نظم تشغيل أكثر سهولة. وفي الواقع أن أنظمة النشر الالكتروني كلها تحتاج إلى كمبيوتر يتمتع بقوة هائلة تجعلها تتوافق مع بيئتها للعمل والإنتاج.

2- شاشة العرض المرئي the monitor

تعد الشاشة المكون الثاني في نظام النشر الالكتروني. ومن الممكن استخدام شاشة ملونة أو عادية، ولكن الشاشة التي مقاسها 14 بوصة أو أقل لا تستطيع عرض صفحة كاملة. وقد صنعت شاشات خاصة تستطيع أن تمدنا برؤية واضحة تماماً لأي مستخدم، وخاصة إذا تم استخدام عرض الصفحة الكاملة، وعندما تتألف الشاشات الأكبر حجماً مع أسلوب العرض ذي قوة تبيين عالية، فإن ذلك يقدم عوناً كبيراً في رؤية الصفحة كما ستطبع كاملاً.

3- آلات المسح الضوئي scanners

توضع آلات المسح الضوئي عامة كجزء إضافي، على الرغم من ذلك فإن بعض الشركات مثل (كانون) تعد آلة المسح جزءاً مكملاً للنظام، ويتم بمقتضاها تثبيت الصورة مقلوبة فوق سطح آلة المسح فتتحرك كتلة رأسها تحت الصورة مطلقة الضوء الذي ينعكس في سطور متتابعة فتلتقطه المستقبلات في آلة المسح بالانعكاس أو من خلال الضوء النافذ ويعاد تجميع السطور تلقائياً لتشكيل الصورة. وبإيجاز فأنه يتم تغذية الكمبيوتر بمستند من خلال جهاز المسح الضوئي، وفي ثوان قليلة تظهر صورة المستند على شاشة الكمبيوتر. وتأخذ إشارات المسح شكل نبضات كهربائية مختلفة ومتتابعة يتم إرسالها إلى الكمبيوتر الذي يعد قادراً على بناء صورة الصفحة بكل ما تحتويه من مناطق بيضاء وسوداء بشكل صريح وتعتمد دقة الصفحة أو الصورة

الممسوحة على حجم كل نقطة، فكلما كبر حجم النقطة كلما قل وضوح الصورة وحدتها، وبعبارة أخرى كلما كانت كثافة النقط في الصفحة أعلى، كلما كانت الصورة أفضل، وهكذا تعتمد جودة الصورة على قوة تبيين جهاز المسح. ومن الملاحظ أن أجهزة المسح التي تبلغ قوة تبيينها 300 نقطة في البوصة، يمكن مسح صور ورسوم أقل من ذلك.

ومن المشكلات التي تواجه عمل آلات المسح، المشكلة الخاصة بالتعامل مع الصورة الفوتوغرافية. فإن آلات المسح ترى كل شيء كمساحات من الأبيض والأسود، فأنها تحد من الصعوبة إدراك الدرجات الرمادية، ولذلك فإن آلة المسح يجب أن تكون معدة لتحويل الرمادات إلى درجات الأسود والأبيض. ويعد مسح الألوان تطوراً مهماً في تنفيذ الحروف المختلفة، والرسائل الإخبارية والتقارير، والجرائد والصحف والمجلات. وهذا يعني أن الصور الفوتوغرافية الملونة يمكن مسحها ووضعها على الصفحة بجودة مقبولة، ولكنه يتطلب قدراً كبيراً من حجم الذاكرة المتاحة لجهاز الكمبيوتر.

4- برنامج معالجة النصوص

تكمن ميزة نظم التعرف البصري على الحروف (OCR) في التوفير الهائل في العمالة. فبدلاً من إعادة جميع المستندات المختلفة التي تتطلب وقتاً وجهداً فأنه من الممكن لجهاز المسح الضوئي أن يقوم بهذه المهمة بسرعة كبيرة.

5- لغة وصف الصفحة

عند تصفح آلة النشر الالكتروني، فإن المصطلح الذي يواجهنا هو (بوست سكريبت Post script)، وهذا المصطلح يشير إلى جزء من البرامج التي تكمن في الآلة الطابعة Printer التي تمكنها من إنتاج وصف الحروف والأشكال وطباعة العناصر الغرافيكية ذات الجودة العالية.

من المعروف أن نظام (بوست سكريبت) تم طرحة عام 1948 . وتبنته مؤسسة أبل وألحقته بطابعتها ليزر رايتر، وكذلك تبنت شركة IBM نظام (بوست سكريبت) عام 1987. وقبل ظهور النظام (بوست سكريبت) فأن كل الطابعات يتم توجيهها من خلال الحروف. ويعد نظام (بوست سكريبت) أداة مستقلة، وهذا يعني أن كل طابعة متوافقة مع هذا النظام يجب أن تكون قادرة على إنتاج نتائج متطابقة تماماً.

وتستخدم لغة وصف الصفحة كحلقة وصل لتقوم بترجمة وتفسير الأشكال بين الكمبيوتر وطابعة الليزر، فالكمبيوتر يرسل البيانات إلى الطابعة في شكل نقط، ويتم استخدامها في تكوين الشكل الكلي للصفحة.

6- الطابعات Printers

في عام 1984 ظهرت أول طابعة ليزر وحققت قفزة نوعية في صناعة الكمبيوتر. ونظراً لأن الطابعة تستطيع إنتاج مستندات ذات قوة تبيين عالية بنطاق عريض من أشكال الحروف، فأنها تستطيع أن تتوافق مع المهام الطباعية المختلفة، التي كانت تقوم بها آلات الجمع التصويري. ويجب أن تكون جميع الطابعات مصممة للأعمال وأسواق المستهلكين على أنه يجمع بينها الخاصية التالية (وهي وجوب أن تكون الطابعة مزودة بذاكرة تبلغ (1) ميجابايت أو أكثر للاستفادة من إمكاناتها الطباعية)، وتزداد هذه الخاصية أهمية في الطابعات الملونة، كما يجب أن يوجد تنوع في أجناس الحروف وأشكالها في الطابعة، فهذا العامل يعمل على تمكين المصمم من إنتاج مستند يتواءم مع الاحتياجات المحدودة له.

ولذلك كله، فأن الطابعة مزودة بعدد من أشكال الحروف، وهو ما يطلق عليه مكتبة الحروف وتتاح مكتبات إضافية للحروف على أقراص كمبيوتر، ويتم تحميلها بالتبعية على الطابعة من خلال جهاز الكمبيوتر. ولعل

الهبوط المطرد في ثمن طابعات الليزر كان سبباً لشيوع النشر الالكتروني في مجالات العمل المختلفة، وبالنسبة لمن يستخدمون النشر الالكتروني فأن طابعات الليزر التي لا تستخدم نظام (بوست سكريبت) يجب تجنبها.

وترتكز طابعات الليزر على تكنولوجيا النسخ الضوئي. ومن هنا فهي تعمل مثل آلات النسخ الضوئي الموحدة وتعتمد على الحبر toner ، واسطوانة يتم شحنها كهروستاتيكياً لإنتاج النسخ المطبوعة، فشعاع الليزر يقوم بتسجيل الصورة على اسطوانة دوارة وتتكون الصورة من سلسلة من النقط، ويقوم شعاع الليزر بالتحرك حول الاسطوانة، ليخرق عدداً من الأشعة القصيرة والحادة من ضوء الليزر عليها، لتصبح الأجزاء التي تم تسجيلها على الاسطوانة من خلال الضوء. وبدوران الاسطوانة تعلق ذرات الحبر بالمنطقة التي تم شحنها، لتتخذ الأشكال شكل البودرة التي تكون ذرات الحبر، الذي يقوم بإعادة ملء خزانات الحبر في آلات النسخ الضوئي، وتعلق ذرات الحبر بالاسطوانة التي تم شحنها كهروستاتيكيا. ولذلك فأنها تصبح مغطاة بصورة كاملة ويجب طبعها، وباستمرار الاسطوانة بالدوران فأنها تمر على إخراج الورق التي يبلغ مقاسها A4.

ويحتاج ناشري الصحف أن يحددوا سرعة الطابعة للتوافق مع الهدف لاقتناء الآلة، ويتم تحديد سرعة طابعة الليزر بناءً على عدد الصفحات التي تطبعها في الدقيقة. ويبلغ متوسط سرعة طابعة الليزر ثمان صفحات في الدقيقة. وتنتج طابعات الجيل الأول ما بين 3000 إلى 5000 صفحة شهرياً، وقد ارتفع المعدل إلى 10000 صفحة وحتى 25000 صفحة في بعض طابعات الجيل الثاني.

ويجب أن ندرك إن قوة التبيين يعبر عنها من خلال عدد النقط في البوصة، ويعد التبيين أمراً ضرورياً لأنه يوضح أن الزيادات الضئيلة فيه مهمة في إعطاء نتائج أفضل للصفحة المطبوعة. فمضاعفة عدد النقط في البوصة

المربعة يعني مضاعفة تبيين الأشكال ل في هذه المساحة، ويصل التبيين في الطابعات في المتوسط إلى 300 نقطة في البوصة وهذا مناسباً لتوضيح أشكال الحروف.

الطابعات الملونة Color Printers

أصبحت الطابعات أكثر شيوعاً في أوائل التسعينات، وخاصة مع بداية انخفاض ثمن هـذا النوع من الطابعات، وقد أصبحت هذه الطابعات الملونة سلسلة مـن الطابعات التـي توظف طريقة النقل الحراري للشمع، وفيها تتم عملية الطباعة من خلال الشمع الملون الساخن الـذي يأخذ شكل الألوان الأربعة الأساسية، والعمل على صهره على ورق خاص، وتقوم الطابعـة بصهر نقط صغيرة من اللون على الورق. وتتوجه طابعات الليزر الملونة نحو سـوق العمـل للمكاتب والشركات التي تتطلب مخرجات تتميز بالجودة والسرعة، على أن تحتوي هذه المخرجات ألوانـاً لعمل الشعارات والرسوم البيانية والصور الملونة.

وتبقى طابعات الصبغ النفاذ التي تطبع صوراً أقرب للواقع، وأجهزة نقل الشمع الحراري أكثر ملائمة لقطاع الإعلانات، والمبيعـات، والتسـويق والفنـانين، والمصورين. وتشـمل الطابعـات الملونة الطابعات التي تعمل بالنفث الحبري، والتـي تعـد أصغر وأرخـص تكلفـة مـن طابعـات الليزر، ولكنها غير قادرة على محاكاة طابعات الشمع الحراري في مجال الجودة الطباعية.

وبينما تقوم البرمجيات الحديثة بتيسير إعداد الصور الملونة لكي تتـواءم مـع الاحتياجـات المختلفة، إلا أن ذلك لا يزال عملية معقدة. وبناءً على ذلك فإنه للحصول على نتائج أفضل يجب الاستعانة بأشخاص ذوي معرفة جيدة بنظرية اللون وتطبيقاتها.

7- آلات تصوير أفلام الصفحات

لقد كانت شركة (لينوتيب) من أوائل الشركات التي أنتجت آلة تصوير أفلام الصفحات، لتنظم هذه الآلة إلى نظام النشر المكتبي. ولذلك أصبحت آلات الجيل الرابع أكثر استخداماً، لأنها توظف نظام (بوست سكريبت) لطباعة الصفحة.

ومن ذلك الوقت قام منتجو الآلات بإنتاج آلات مزودة بنظام (بوست سكريبت) وتوجد عدة خيارات أمام مستخدمي نظام النشر الالكتروني الذين يريدون جودة عالية لتصوير صفحاتهم، ويوجد أيضاً لدى الصحيفة إذا قررت تركيب آلتها الخاصة بها لتصوير صفحاتها على أفلام ، وذلك بعد الحصول على هذه الصفحات الموجودة على أقراص الكمبيوتر، ويجب عليها أن تدرك أنها تحتاج إلى وحدات للإظهار لتحميض ورق البرومايد أو الأفلام. كما يتطلب قرار الصحيفة بشراء إحدى هذه الآلات ، وضع قوة تبيين المخرجات، فصناع هذه الآلات ينتجون نوعيات عديدة منها تتراوح قوة تبيينها بين 1000 و 2500 نقطة في البوصة . فكلما زادت قوة التبيين زادت كلفة الصحيفة، وذلك لأن الصفحة التي يتم تصويرها بقوة تبيين عالية تحتاج لوقت أكبر في عملية إنتاجها في شكلها النهائي.

المطلب الثالث:- أدوات النشر الالكتروني.

يوجد العديد من الأدوات المستخدمة في مجال النشر الالكتروني على شبكة الانترنت منها:[1]

1- لغة HTML

وهي اللغة التي تستخدم المادة لتصميم صفحات الويب ، وتتكون هذه اللغة من تعليمات مكتوبة بصيغة (ASCII) ، ويتم عن طريق هذه التعليمات وصف طريقة عرض النصوص والرسوم والوسائط الإعلامية الأخرى، كما يمكن تزويد صفحات الويب بنقاط توصيل (Hyper Links) وهي نقاط توصيل القارئ بأجزاء في الصفحة المقروءة أو بمواقع أخرى على شبكة الانترنت، ويمكن قراءة الصفحات المكتوبة بهذه اللغة باستخدام برامج تصفح مثل (nets cape) أو(navigator) أو (Microsoft internet explore) وتتميز هذه اللغة بأنها لا تعتمد على نظام تشغيل معين أو جهاز معين.

2- لغة post Script

تعتمد هذه اللغة على مجموعة من التعليمات المكتوبة بصيغة (ASCII) والتي تصف للطابعة الرسوم المصممة بواسطة جهاز الكمبيوتر. تختلف لغة (Post Script) عن لغة (HTML) إنها تصف تنسيق الصفحة (Page Layout) بشكل دقيق، كما تصف الشكل الذي يطبع به الحروف من حيث النوع والحجم والأسلوب. يتم وصف الصفحة المصممة على أجهزة الكمبيوتر باستخدام برامج معينة عن طريق لغة (Post Script) بعد ذلك يتم نقل هذه

---

1 - د. محمد جاسم فلحي، النشر الالكتروني: الطباعة والصحافة الالكترونية والوسائط المتعددة ، مرجع سابق ، ص79-87. و. م. حسام شوقي، مرجع سابق ، ص143-.147.

الصفحة الموصوفة من الجهاز إلى الطابعة المجهزة بمفسر للغة (Post Script) والذي يقوم بتفسير تعليمات هذه اللغة وطبع الصفحة الموصوفة من الجهاز بأقصى جودة تملكها الطابعة، ومن الجدير بالذكر إن ملفات ((Post Script) كبيرة الحجم نوعاً ما إذا ما قورنت بملفات (HTML) .

3- Acrobat PDF

تقنية تهدف إلى نشر وتبادل المعلومات المقروءة آلياً.

أولاً- مميزاتها

تمتاز تقنية Acrobat PDF بالمميزات التالية:

أ. الدقة

تحفظ تنسيق الصفحة الذي وضعه مصمم الوثيقة، وملفاتها لا يتم إعادة تنسيقها من قبل القارئ عن طريق برنامج التصفح، والخطوط في ملف PDF كما وضعها مصمم الوثيقة وبنفس الألوان وتنسيق النص لا يتغير على عكس HTML حيث يمكن أن يتغير تنسيق النص بتغير الخط أو بتغير برنامج التصفح.

ب. الحجم المضغوط

ملفات PDF صغيرة الحجم مما يساعد على نقلها بسرعة عبر الانترنت والرسوم والصور التي تضمها يتم ضغطها أيضاً.

ج. التوافقية

يمكن قراءة ملف PDF من قبل أي مستخدم، وعن طريق أي نظام تشغيل باستخدام برنامج Acrobat Reader حيث يمكن قراءة ملف PDF

مصمم باستخدام Windows من قبل شخص يستخدم جهاز يعمل بنظام ماكنتوش أو يونيكس.

د. المراجعة والتعديل

ففي الهيئات العلمية وغيرها تمر الوثيقة في دورة مراجعة تتطلب أكثر من مراجع، ويقوم كل مراجع بالتدقيق وإبداء الملاحظات، وقد يقوم بالكتابة على هامش الوثيقة أو إلصاق قصاصات ورقية على الصفحات ثم يقوم المراجع بإرسال الوثيقة إلى مراجع آخر. وفي النهاية يجد المرء نفسه أمام مجموعة من القصاصات والملاحظات المكتوبة على جانب صفحات الوثيقة دون معرفة من قام بتلك الملاحظات والتعديلات.

يقدم نظام أدوبي أكروبات (Adobe Acrobat) أدوات للتعديل ولتدوين الملاحظات، ولكنها أدوات الكترونية تعرف Annotation Tools وهذه تسمح لمن يقوم بمراجعة ملف (Acrobat PDF) بوضع ملاحظته على وثيقة (PDF) على شكل (Electronic Notes) ، بعد ذلك يقوم المراجع بإرسال ملف (PDF) الذي تمت مراجعته إلى مراجع آخر أو يعيدها إلى الشخص المرسل عبر الانترنت، ويقدم (Acrobat) أدوات لإضافة الملاحظات مثل الخطوط والتظليل والأختام التي يستطيع أن يعدلها المستخدم عن طريق اختيار صورة تظهر على شكل ختم.

هـ البحث والفهرسة

يمكن البحث في ملفات (PDF) عن كلمات معينة داخل الوثيقة، ويمكن فهرسة ملفات (PDF) للتمكن من البحث عنها من قبل محركات البحث (Search Engines) وعناكب الويب (Web Spider) وهي أدوات تستخدم للبحث عن المعلومات الموجودة على شبكة الانترنت.

يمكن فهرسة وثيقة أو مجموعة وثائق ليتم البحث في محتوياتها مـن قبـل المسـتخدم، وذلك باستخدام نظام (Acrobat Catalog) الذي يقوم بعمل فهرس نصي كامل لمحتويات وثيقة أو مجموعة من الوثائق، والفهرس النصي هو قاعدة بيانات قابلة للبحث تشمل النـص الموجـود في وثيقة (PDF) وهذه القاعدة تسمح للمستخدم البحث عن المعلومة باستخدام كلمات مفتاحيه أو باستخدام البحث المنطقي.

و. الأمن

تسمح تقنية (PDF) تحديد مدى النفاذ إلى الوثيقة عن طريق السـماح أو عـدم السـماح للقارئ بتعديـل الوثيقـة أو طباعتهـا أو اختيـار النصـوص ونسـخها مـن الوثيقـة، ويمكـن تزويـد الوثيقة بكلمة سر بحيث لا يمكن فتحها إلا بواسطتها.

ز. نقاط التوصيل

توفر تقنية (PDF) إمكانية تزويد الوثيقة بنقاط توصيل تربط أقسامـاً معينـة في الوثيقـة بأقسام أخرى داخل نفس الوثيقة وتربط الوثيقة بالوثائق الأخرى أو بمواقع على شبكة الانترنت وتساعد القارئ على الوصول إلى المعلومات التي يريدها في الوثيقة بسرعة.

ح. عدم الحاجة إلى ربط ملفات (PDF) بأي ملفات أخرى

مثل ملفـات الصـور، حيـث أن ملـف (PDF) يمكـن أن يحتـوي علـى النصـوص والرسـوم والصور.

ط. جودة العرض والطباعة

تحفظ ملفات (PDF) للمستخدم أعلى جودة عند قراءتها من الشاشة، وتسمح له بتكبير أجزاء من الصفحة دون تأثر الحروف ودون تشويه الصفحة. ولأن ملفات (PDF) تعتبر بشكل عام ملفات (Vector-Based) فأنها تعرض بأعلى جودة لجهاز العرض، حيث تعرض على الشاشة بدقة تصل إلى (72 DPI) وتطبع بأعلى جودة طباعة 300 إلى 600 DPI على طابعات الليزر و DPI 2540 .

ي. التوقيع الرقمي (Digital Signature)

تحتاج مراكز العمل المختلفة إلى التأكد من أن شخصاً ما قام بمراجعة وثيقة ما بنفسه أو أن شخصاً قام بالموافقة على محتويات وثيقة معينة بعد قراءتها كالمدير مثلاً ويمكن إجراء ذلك عن طريق تقنية التوقيع الرقمي التي يمكن استخدامها في ملفات (PDF) وهناك نوعان متوفران هما:

1. التوقيع ألمفتاحي (Key Based Signature)

تقوم هذه التقنية بتزويد الوثيقة الالكترونية بتوقيع مشفر مميز يحدد هذا التوقيع الشخص الذي قام بتوقيع الوثيقة والوقت الذي تم فيه توقيع الوثيقة ومعلومات عن صاحب التوقيع. يتم تسجيل التوقيع الرقمي بشكل رسمي عند جهات تعرف باسم (Certification Authority) وهي طرف محايد مهمته التأكد من صحة ملكية التوقيع الرقمي للأشخاص الذين يقومون بتوقيع الوثائق الالكترونية لتسجيل التوقيع ألمفتاحي، وهي الجهة التي تقوم بجمع المعلومات من حامل التوقيع الالكتروني المراد تسجيله. بعد ذلك تصدر لهذا الشخص شهادة تمكنه من التوقيع الالكتروني على الوثائق الالكترونية ويزود هذا الشخص بعد إعطاء الشهادة بكلمة سر خاصة تمكنه من استخدام التوقيع الالكتروني.

2. التوقيع البيومتري (Biometric Signature)

يعتمد هذا التوقيع على تحديد نمط خاص تتحرك به يد الشخص الموقع أثناء التوقيع، إذ يتم توصيل قلم الكتروني بجهاز الحاسوب، ويقوم الشخص بالتوقيع باستخدام هذا القلم الذي يسجل حركات يد الشخص أثناء التوقيع، حيث أن لكل شخص سلوكاً معيناً أثناء التوقيع ويدخل في التوقيع البيومتري البصمة الالكترونية ويتم تسجيل التوقيع البيومتري عند (Certification Authority) .

يتم ربط وثيقة (PDF) بـ (Certification Authority) عن طريق برامج مساندة خاصة تربط برامج (Acrobat) بـ (Certification Authority) وعن طريقها نستطيع من خلال برنامج (Acrobat) أن نختار أداة التوقيع الرقمي ثم نقوم بالتوقيع ألمفتاحي أو البيومتري على وثيقة (PDF) ، ويساعد التوقيع الالكتروني في عمل كثير من الجهات التي تتعامل مع عدد كبير من الوثائق التي تحتاج إلى توقيعات أشخاص عديدين.

ونماذج (PDF) تتميز بقدرتها على التغلب على مشاكل (HTML) الخاصة بالحفاظ على تنسيق الصفحات، وكذلك يمكن دمجها مع وثائق أكبر كالأوراق الرسمية التي تحتاج إلى تنسيق رسمي خاص.

ثانياً- عيوبها:

يؤخذ على تقنية Acrobat PDF بعض العيوب نجملها بالآتي:

أ. عدم امتلاك الباحثين لبرنامج Reader Acrobat.

ب. صعوبة تعديل تنسيق الصفحات أو تعديل النصوص.

ج. عدم وجود خاصية البنيوية فيها كما هو الحال بلغة HTML .

د. تتفوق الملفات المخزنة بصيغة HTML على الملفات المخزنة بصيغة PDF في مرونة تبادل المعلومات بين نصوص الوثائق من جهة وقواعد البيانات وبرامج أل CGII وبرامج أل ASP من جهة أخرى.

ه. صعوبة تحميل برنامج Acrobat Reader من الانترنت وخاصة عند المبتدئين في استخدام الانترنت[1] .

4- Standard Generalized markup Language (SGML):.

لغة SGML يمكنها وصف أي نوع من الوثائق مهما بلغ تعقيد هيكلته أو حجمه، مما يمنح مصممي الوثائق القدرة على وصف أي هيكلية للبيانات. وباختصار فإن لغة SGML هي المصدر للغة XML مع فارق بسيط هو أن قواعد هذه اللغة موجودة في 500 صفحة مما يجعلها بالغة التعقيد والاستيعاب. ورغم أن SGML هي من اللغات الموثقة والمعروفة جيداً فإن المبرمجين والمطورين عادة ما يحجمون عن استخدامها لتعقيدها مما يجعل ميزاتها وفوائدها محدودة التأثير. كما أن هذه اللغة صعبة الدمج مع متصفحات الانترنت مما يعيق انتشارها كمقياس على الانترنت. ويقوم مستخدمو لغة SGML بتحويل وثائقهم المكتوبة بهذه اللغة إلى نسق HTML من أجل نشرها على الانترنت، مما يفقد هذه الوثائق الكثير من قوتها الوصفية وميزات أخرى [2].

---

1 - د. احمد فضل شبلول، قضايا النشر الالكتروني - موقع الكتروني -

www.arabiancreativity.com/fad14.htm

ود. مجبل لازم المالكي ، النشر الالكتروني ، رسالة المكتبة ، عمان ، مج36، ع(1،2) آذار- حزيران، 2000، ص56-و د. نبيل علي، تحديات عصر المعلومات، القاهرة: دار العين للنشر، 2003، ص151.

2 - لغةXML - موقع الجيل الصاعد الالكتروني -

http://www.geocities.com/actionscript4arab/programming/xml.html

5- XML: Extensible Markup Language.

إن لغة XML هي طريقة لوصف البيانات وهيكلتها على الانترنت بحيث يمكن لبرامج مثل قواعد البيانات الاستفادة من هذه البيانات والبحث فيها والحصول منها على المعلومات. فمثلاً إذا كنت تقوم حالياً بنشر كتالوج على الانترنت لمنتجات تقوم ببيعها وكنت تستخدم لغة HTML فإن عليك أن تضع هذه المعلومات على شكل صفحات تحتاج لتغييرها يدوياً في كل مرة تريد تحديث الصفحة. ولتفترض أنك وضعت موقعاً للتجارة الالكترونية وأردت تحديث منتجاتك الموجودة على الموقع فإنك ستحتاج إلى تحديث الصفحة كاملة. أما عند استخدام لغة XML فكل ما عليك عمله هو وضع وثيقة DTD تحتوي على علامات تصف الأصناف التي يحتويها متجرك ، مثلاً إذا كنت تبيع الكتب كتب الفلسفة وكتب التاريخ وكتب الاقتصاد، ثم تقوم بكتابة الصفحة مستخدما علامات تصف المواد الموجودة ضمن الكتالوج مثل <philosophy> ابن رشد <philosophy/>، و<history> الحرب العالمية <history/> وما إلى ذلك. وبالطبع فأن وثيقة DTD ستحتوي على تعريف للعلامات المستخدمة وعندئذ تضع صفحاتك على الانترنت.

وعندما يريد المستخدم أن يبحث عن كتب الفلسفة مثلاً فإنه سيتمكن بفضل استخدام نظام العلامات الخاص الذي تستخدمه من العثور على كتب الفلسفة تحديداً لأنك وصفتها بهذا الشكل أو لتقل إنك تريد تحديث صفحات الموقع باستخدام برنامج لقواعد البيانات يدعم لغة XML فعندئذ يمكنك تمرير صفحات الموقع من خلال قاعدة البيانات، والتي ستتمكن من التعامل مع هذه البيانات بسهولة لأن هيكلتها موصوفة ومعروفة ضمن الوثيقة وبكلمات أخرى يمكن لبرنامج قاعدة البيانات أن يأخذ عنصراً مثل "ابن

رشد" وأن يضعه ضمن حقل كتب الفلسفة في قاعدة البيانات لأن العنصر موصوف بهذا الشكل [1].

وتتميز لغة XML بمجموعة من المميزات التي تجعله مناسباً لنقل البيانات منها:

أ. صيغته الإنسانية والمقروءة بالماكنة بشكل آني.

ب. له دعم لنظام الحروف الدولي الموحد، يسمح تقريبا لأيّ معلومات بأيّ لغة إنسانية مكتوبة تتصلان.

جـ. القدرة على تمثيل تراكيب بيانات علم الحاسبات الأكثر عمومية: السجلات والقوائم والأشجار.

د. صيغة التوثيق الذاتية التي تصف التركيب وأسماء الحقل بالإضافة إلى القيم المعيّنة.

هـ. النحو الصارم وإعراب المتطلبات اللذان يسمحان لخوارزميات الإعراب الضرورية بالبقاء ثابتة وكفوءة وبسيطة.

كما أن هناك عدة منافع للغة XML كصيغة للتخزين ومعالجة الوثائق، المتصلة بالإنترنت وغير المتّصلة، ومن هذه المنافع:

أ. الصيغة المتينة القابلة للإثبات منطقيا مستندة على المستويات الدولية.

ب. إنّ التركيب المرتبي مناسب لأكثر (لكن ليس كلّ) أنواع الوثائق.

جـ. يظهر كملفات نصّ عادي، غير مثقل بالرخص أو القيود.

د. كونه مستقل، وهكذا يكون محصّناً نسبيا ضدّ التغييرات في التقنيات.

---

1 - لغة XML – موقع الجيل الصاعد-

http://www.geocities.com/actionscript4arab/programming/xml.html

وبالرغم من هذه المميزات والمنافع إلا أن ذلك لا يمنع من وجود بعض العيوب التي تؤخذ على هذه اللغة، نذكر منها:

أ. التركيب مضجر وعاطل. هذا يمكن أن يؤذي مقروئية الإنسان وكفاءة التطبيق، ويسبب كلفة تخزين أعلى. يمكن أن يجعل XML صعباً أيضا للانطباق في بعض الحالات حينما تكون الموجة محدّدة، مع أن يمكن للضغط أن يخفّض المشكلة في بعض الحالات.

ب. يعتبر البعض أن النحو أو التركيب يحتوي على عدد من الميزّات الغامضة وغير الضرورية المولودة من تراث التوافق مع SGML.

ج. متطلبات الإعراب الأساسية لا تدعم المجموعات المرتبة الواسعة من أنواع البيانات لذا فإن التفسير يتضمّن عمل إضافي أحيانا لكي يعالج البيانات المطلوبة من الوثيقة. ليس هناك بند في XML، على سبيل المثال، للتخويل بأنّ "3.14159" عدد عائم النقاط بدلا من سلسلة من سبعة حروف.

د. يستعمل النموذج المرتبي للتمثيل، والذي هو محدد مقارنة مع النموذج العلائقي، لأنه يعطي فقط وجهة نظر ثابتة للمعلومات الفعلية.

ه. تخطيط XML إلى الأمثلة العلائقية أو أمثلة الأجسام الموجهة متعب في أغلب الأحيان.

و. جادل البعض بأنّ XML يمكن أن يستعمل لخزن البيانات فقط إذا كان الملف من الحجم المنخفض لكن هذه في واقع الأمر معطيات فرضيات حقيقية معيّنة حول الهندسة المعمارية، والبيانات، والتطبيق، وقضايا أخرى.

ز. سلسلة ضربات المفاتيح لطباعة تعابير XML على لوحة مفاتيح قياسية حاسوبية صعبة جدا[1].

1 - لغة الترميز القابلة للامتداد (XML) – موقع الكتروني- http://ar.wikipedia.org/wiki/XML

المطلب الرابع: مزايا وعيوب النشر الالكتروني.

مع التوجه العالمي وامتلاء الأسواق العالمية بالحاسبات الالكترونية، وازدياد عدد مقتنيهـا ومستخدميها في عمليات النشر، فأنه ليس أمامنا إلا مواكبة ومتابعة هذا التطور العلمي الهائل، بل والعمل على استيعابه.

وبالرغم من وجود هذه الحواسيب واستخدامها في النشر ليحل محـل النشـر ـ العـادي، إلا أن ذلك لا يمنع من وجود بعض المميزات والعيوب لهذا النوع من النشر، لـذلك سنوضـح المزايـا ابتداء ثم العيوب.

أولا- مزايا النشر الالكتروني.

يمكن إيجاز مزايا النشر الالكتروني بما يلي[1]:-

1. توفير تكلفة استخدام الورق، ونفقات الطباعه، حيـث يمكن إدخـال كميـات هائلـة مـن المعلومات في شريحة صغيره مثل قرص الليزر(C.D) الذي يسع لآلاف الكتب، وقـد تكون من أمهات الكتب التي تتكون من أعداد هائلة من الصفحات الورقية.

2. السرعة في عمليات البحث العلمي، ويعني ذلك إمكانية الحصول على المعلومـة بسـهوله من جهة ونقلها من مكان لآخر بكل يسر من جهة أخرى.

3. سهولة تحديث المعلومات وإجراء المراجعة والتعديلات والإضافات الكترونيا.

4. الحرية المطلقه في نشر الناشر ما يريده من تعبـير عـن رأيـه بكـل صراحـة وجـراءة دون رقابة أو قيود أو حدود لمادة النشر.

5. رخص تكلفة التوزيع، فتكلفة إرسال المعلومات عن طريق الانترنت تكون ارخص بكثير من إرسال كتب ومطبوعات تحتوي على الحجم نفسه من البيانات والمعلومات.

6. استخدام نظم النصوص المترابطة مثل الهاير ميديا (HYPERMEDIA) وكذلك الاوعية المتعددة (MULTIMEDIA) وهي التكنولوجيا التي تمزج النصوص بصور وإيضاحات ورسوم بيانية وأصوات، وتقدم تسهيلات كبيرة من خلال شبكة كثيفة بالمعلومات، وهذا بدوره يضيف عنصر التشويق للمستفيد من مؤثرات مختلفة.

7. سهولة التنقل عبر اللغات والثقافات، ذلك أن النشر الالكتروني يحقق درجه عالية من التنقل المرن بين اللغات مما يساهم في نشرها، وكذلك بالنسبة للثقافات والدراسات المتعددة.

8. البحث عن المعلومة بما يتجاوز الأساليب التقليدية ليبحر المستفيد في كم لا يحصىـ من معلومات متعلقة بموضوع واحد وتكون غاية في الدقة والنفاذ.

9. إمكانية النشر الذاتي، إذ كل مؤلف يستطيع نشرـ مؤلفاته بنفسه مباشرة دون وساطة كالناشرين والموزعين.

10. إتاحة الكتب الناطقة لفاقدي البصر(المكفوفين) وهذه تعتبر ميزة هامة لهذه الفئة من المستخدمين.

11. المحافظة على البيئة، حيث إن النشر الالكتروني يقلل من استخدام الورق وهذا يعني المحافظة على الأشجار التي تقطع عادة لتحول إلى أوراق.

ثانيا- عيوب النشر الالكتروني.

يمكن إيجاز عيوب النشر الالكتروني بما يلي [1] :-

1- لا يمكن قراءة النصوص الالكترونية في جميع الأمكنة ذلك أنها تحتاج إلى معدات وأجهزة خاصة لتمكن من قراءة النصوص.

2- كثرة المشاكل التي تتعرض لها النصوص الالكترونية كالقرصنة أو السرقة أو إصابتها بالفيروسات اوتخريبها، وهذا يؤثر على مدى تمتع المؤلفين بحقوقهم الفكرية، لأنه غالبا ما يستحيل التعرف على المعتدين.

3- يعد النشر الالكتروني وسيط بارد يحد من قدرة الفرد على نقل أحاسيسه ومشاعره وافكارة مما يؤدي للانعزالية أحيانا.

4- لأن اللغة الانجليزية هي الاساسية في البرمجيات فإن اللغة العربية تعتبر دخيلة وقد يؤدي ذلك إلى انعزالية وثائقنا واندثارها وضعف مواقعنا الالكترونية. وقد تتعرض لغتنا العربية للتهميش وبالتالي اندثارها مما يؤدي لخطورة على دولنا العربية من ناحية اقتصادية وثقافية وسياسية.

5- الشريحة الكبرى من الناس لا تستطيع الاستفادة من النشر الالكتروني، لعدم معرفة استخدام الأجهزة الالكترونية أو لكبر السن أو ضعف البصر.........

6- حاجة النشر الالكتروني لتوفير بيئة تقنية متطورة ومتقدمة في

1 - د. عيسى عيسى العاسفين، المعلومات وصناعة النشر، دمشق: دار الفكر ، 2001، ص313 وما بعدها – و محمد علي العنا سوه، التكشيف والاستخلاص والانترنت في المكتبات ومراكز المعلومات ، ط1، عمان ، 2006، ص493 وما بعدها – ود . حمدي احمد سعد احمد، الحماية القانونية للمصنفات في النشر الالكتروني الحديث، مرجع سابق، ص95 وما بعدها .

المجتمعات المستخدمة له بالاضافه للخبرة والمهارة الفائقة، وقد لا تتوافر هذه البيئة في بعض المجتمعات مما يمنع الاستفادة منها على الوجه الأكمل.

7- يرشد النشر الالكتروني للملخصات التقليدية المطبوعة للمادة مما يقلل من أهمية رصيد النشر الالكتروني.

8- لا يمكن التعليق والكتابة والتاشير إلا بعد الحصول على النسخة الورقيه .

9- افتقار المجلات الالكترونية للمقاييس الموحدة للتعامل معها، فقراءة بعض المجلات تحتاج لاستخدام برمجيات مختلفة مثل (Republic, Common Ground, Adobe Acrobat) وهذا يعني حاجة المكتبات لامتلاك وتخزين أكثر من برمجية، وربما يؤدي ذلك لأعباء مادية وتكنولوجيا عالية مع مراعاة انه بين الحين والآخر تظهر أجهزة إلكترونية متطورة وتكلف هذه الأجهزة مبالغ طائلة ذلك أنها مرتفعة الثمن.

10- لا تستطيع أي جهة التأكيد إن الحفظ والتخزين الالكتروني هو الأفضل، خاصة بوجود كثرة الطلب على التوصيل بالشبكة التي تعجز أحيانا عن تحقيقه جميع الامكانات المتاحة، حيث يدخل ملايين الأشخاص مما يكون ضغط على هذه المواقع مع مراعاة أن بعض الدول تحظر شبكة الانترنت.

11- مع توافر الكثير من المواد التي تتاح في اشكال الكترونية وبصرية مثل الاسطوانات المرنة وخدمات قواعد البيانات وارتفاع المستفيدين منها - حيث توصل إلى المنازل - فإن التوجه للمكتبات سيقل تدريجيا إلى أن ينتهي .

المبحث الثاني

مراحل النشر الالكتروني وأشكاله ومجالاته

يتميز النشر الالكتروني عن النشر العادي بأن له عدة مراحل يمر بها وله كذلك أشكاله الخاصة به ومجالاته، لذلك سوف يتضمن هذا المبحث ثلاثة مطالب، يتضمن المطلب الأول :- مراحل النشر الالكتروني، والمطلب الثاني:- أشكال النشرـ الالكتروني، والمطلب الثالث:- مجالات النشر الالكتروني .

المطلب الأول:- مراحل النشر الالكتروني .

يوجد للنشر الالكتروني عدد من المراحل التي يمر بها، فقد أوجزها على نبيل لغوياً بالمراحل التالية[1] :-

أولاً- اقتناء المحتوى ،

يجب أن ندرك إن معد الوثيقة الالكترونية لا يشترط أن يكون صاحب محتواها، وفصل عملية اقتناء المحتوى عن عملية إعداد الوثيقة توجه ينمو بمعدل مطرد .

حيث يمثل المحتوى أهم مقومات النشرـ الالكتروني التي تشمل بجانبه عمليات المعالجة الآلية للمحتوي وتوزيعه من خلال الانترنت أو الوسائط المتعددة.

---

1 - د. نبيل علي، مرجع سابق ، ص 154-157، 163.

ثانيا- إعداد الوثيقة الالكترونية،

وتشمل عمليات إدخالها وتدقيقها هجائيا ونحويا، وإمهارها بـالأكواد الخاصـة لكشـف تنظيمهـا الـداخلي، وتزويـدها بحلقـات التشـعب النصي- (Hypertext)، والتشـعب الوسـائطي (Hypermedia)، بما في ذلك روابط تناص الوثيقة (Inter textuality) مع النصوص خارجها .

ثالثا- ثم تأتي العمليات التالية بعد الإعداد :-

1- عمليات الفهرسة الآلية لاستخراج الكلمات المفتاحية التي تفصح عن مضمون الوثيقة .

2- عمليات الاستخلاص التي تنتقي عددا من الجمل لتعبر عن مضمون الوثيقة الكلي .

3- عمليات تنقيح الوثيقة من المعلومات الخاطئة والرديئة والضارة .

4- تامين الوثيقة من اجل المحافظة على سريتها، وعدم تشويه مضمونها، وذلك باستخدام أساليب التعمية (Encryption) .

5- إعادة الصياغة .

رابعا- وهذه المرحلة تشمل عمليات دعم المستخدم،

ويمكن إيجازها في العمليات التالية :-

1- قراءة النص أتوماتيكياً باستخدام آلية تحويل النص المكتوب لمقابلة المنطوق (TTS: Text -TO- Speech) .

2- البحث في الوثيقة من خلال البحث النصي (textual search) عن كلمة او أكثر داخـل النـص أو من خلال البحث الموضوعي (thematic search) بدلالة مدخل موضوعي معين .

-3 تحليل مضمون الوثيقة آليا من اجل استخلاص مفاهيمها، والكشف عن بنيتها الداخلية .

-4 مقارنة النصوص آليا لتحديد الفقرات المتطابقة أو المتشابهة .

-5 توليد النصوص تلقائيا (TEXT GENERATION) وهذه عملية معقدة تجمع بين البحث والتركيب النحوي والمنطقي، وصياغة التراكيب النحوية في صورة نهائية بعد تطبيق عمليات الضبط النحوي، والتقديم والتأخير والإضمار والحذف، وما شابة .

أما الدكتور محمد فلحي فقد حدد المراحل التي يمر بها النشر الالكتروني بالمراحل التالية :[1]

1. عملية التأليف والتحرير

يتطلب من المؤلف أن تشمل وثيقته كل البيانات المتصلة بموضوعه (مثل الهوامش والمراجع والتعريفات القاموسية والكلمات المفتاحية المستخدمة في التكشيف) حتى تكون هذه الجوانب موجودة في الوثيقة المصدرية التي سيتم اقتباسها عند تجميعها في الوثيقة النهائية. ويجب أن يتعلم المؤلف كيفية رؤية وثيقته بشكل مختلف عن نظام النشر التقليدي ، وسيكون لدى المؤلف دعم إلى من نظام تحرير النص على الخط المباشر. كما تشمل برامج تطوير نظام تحرير النص على إمكانية مقارنة الكلمات بالوثيقة بالكلمات في قاموس معياري، وينبغي على المحرر أن ينشئ ويختزن النصوص وذلك لتسهيل البث بطرق مختلفة إلى الناشر. إن اختزان وبث الأشكال والصور المرسومة يمثل

1 - د. محمد جاسم فلحي ، النشر الالكتروني: الطباعة والصحافة الالكترونية والوسائط المتعددة، مرجع سابق، ص76-79.

إمكانية جديدة وفرتها البرمجيات الحديثة. ويجب أن تتضمن عملية التحرير والتأليف جانبين هما:

أ. مدخلات النص وتطويعه

يعتبر إدخال النص عملية ضرورية في نظام النشر الالكتروني، ولكن هناك طرق عديدة لتحقيق ذلك، فهذا الإدخال يمكن عن طريق لوحة المفاتيح. أما إذا تم إدخاله من خلال ملفات ورقية فمن الضروري استخدام قارئ الحروف البصري للسيطرة على العملية. أما بالنسبة لتحرير النص فيتضمن عمليات الإنشاء والحذف للحروف والكلمات والسطور. وتحرير النص هو الوظيفة الأولية للحاسبات الآلية عندما تستخدم بواسطة الناشر لإنشاء أو تطويع المعلومات، ويتضمن التحرير تطويع النص بنائياً، فللوثائق بناء أو هرمية كرؤوس الموضوعات والرؤوس الفرعية. وهناك عناصر أخرى للوثيقة التي يكون لها بناء خاص مثل الجداول والأشكال والقوائم. ويتم إنشاء شكل تصميم الوثيقة قبل أو أثناء عملية إدخال النص، ورموز الشكل تسمى لغة الإشارات ويمكن إدخالها في الوثيقة عند إدخال النص بالاستعانة بأوامر التشكيل.

ب. مدخلات الرسومات وتطويعها:-

يمكن إدخال الرسومات في نظام النشر الالكتروني باستخدام ماسح الصور لتحويل العمل الفني التقليدي كالإيضاحات والصور الفوتوغرافية إلى شكل رقمي يتم تطويعه بالآلات. وتعتبر الأعمال الفنية عن طريق الحاسب الآلي مثل برنامج رسم أو طلاء مصدرا آخر من الرسومات. وكذلك إدخال صور الفيديو في النظام بشكل مناسب. فمعايير تبادل البيانات تلعب دورا هاما في تطويع الصور المرسومة أي أن الإيضاحات يجب أن تخضع لمقياس رسم معين حتى تأخذ الحجم الصحيح.

2. عملية التصميم

يشمل التصميم عمليات عديدة أهمها التجميع أو تشكيل الوثيقة وعملية توليد الكشافات وقوائم المحتويات والهوامش والترقيم،. فتزودنا البرامج الجاهزة لتشكيل الوثيقة بالانتظام في هذه العملية، ويفترض أن تكون هذه البرامج مرنة التشكيل وإعادة التشكيل حسب الطلب. وقد وضعت لغة العلامات الشاملة المعيارية للمعاونة في مراجعة وتكامل الوثائق، اعتماداً على مواصفات معلوماتية مشتركة ولكن يتطلب أن تكون كل وحدة مستقلة داخل قاعدة بيانات شاملة لوصف مقنن يمكن التعرف عليه وتفسيره، وعن طريق لغة العلامات يستطيع المؤلفون التعبير عن التنظيم العام للوثيقة. كما يستطيع المصمم أن يبني على هذه النظم لإنشاء القطعة النهائية. إن النظام المثالي يعطي الناشر مرونة اختيار التكشيف بالكلمات المفتاحية أو المفاهيم تبعاً لجمهور كل وثيقة، وكذلك بالنسبة لخطة الترقيم الخاصة بالهوامش والمراجع والأشكال.

3. المخرجات والبث وعملية النشر

المخرجات النهائية سواء على الشاشة أو على لوحة الطباعة أو جهاز مخرجات مستقبلي، لا بد من فرز المواد للوصول إلى مرحلة إتقان عالية، ثم اختزانها والتجميع وعمل المسودات باستخدام مخرجات طابع الليزر أصبحت شائعة. ويجب تطبيق معايير النشر الحديثة بواسطة المؤلفين خلال إعداد الوثائق وكتابة النصوص وعلى المراجعين أن يتبعوا المعايير اللازمة لتغيير النص وإضافة التعليقات، وأن يعتمد الناشرون على التطبيق السليم للمعايير أثناء معالجة المقالات وتجميع الوثائق، فمعايير ضبط النوعية هي التي تتيح للمقالات المنفردة أن تندمج في النظام الآلي. وفي بيئة الوثائق الفائقة يجب على المؤلفين تغيير اتجاهاتهم المسبقة لملائمة العمليات الآلية.

المطلب الثاني :- أشكال النشر الالكتروني .

هناك العديد من الأشكال التي تستخدم في النشر الالكتروني والتي يتم من خلالها نشر الأعمال الفنية والأدبية والعلمية وإتاحتها للباحثين، ومن هذه الأشكال:-

أولاً- الاتصال المباشر (On Line) :-

والارتباط ببنوك وقواعد المعلومات وتكون هذه القواعد ببليوغرافية وهي الأكثر استخداما، وقواعد المعلومات غير ببيلوغرافية ذات النص الكامل (Full Text) والنصية مع بيانات رقمية، وتعد هذه القواعد مؤسسات أكاديمية وتجارية ودولية وجمعيات علمية ومكتبات وطنية[1] .

ثانيا - الأقراص المرنة والأقراص المليزرة

(Compact Disk , C.D Rom):

يحتاج النشر الالكتروني عن طريق الأقراص المرنة أو المدمجة إلى ميزانية وخبرة ورسالة وجمهور والتعامل مع الشركات والمؤسسات التي تنتج هذه الاسطوانات، وغالبا ما ينشر على هذه الأقراص المواد المرجعية والمعاجم والموسوعات والقصص المتحركة للأطفال حيث إنها تستوعب إلى جانب النص المكتوب الصورة والصورة الثابتة والمتحركة ولقطات الفيديو، وإمكانية الطباعة منها على الورق، والنسخ منها إلى الحافظة ومن الحافظة إلى أي ملف على القرص الصلب لاستخدامه طبقا لاحتياجات المستخدم .

1 - د. مجبل لازم المالكي، النشر الالكتروني ، رسالة المكتبية ، مرجع سابق ، ص57.

ويمتاز النشر عن طريق الأقراص بأنه اقل تكلفة، ولا يحتاج إلى اتصال تلفوني أي لا يحتاج لان تكون على الشبكة، كما إنها تمتاز بصغر حجمها وكبر سعته وسهولة استخدامه حيث لا تتطلب سوى جهاز حاسب إلى شخصي وهذه تباع في المكتبات والمعارض مثلها مثل الكتاب [1].

ثالثا – الشرائح الرقمية الخاصة على شكل ذاكرة للقراءة فقط تعرف باسم (Rom) :-

وهذه تتطلب أجهزة حاسوب خاصة عالية التقنية يتم تخزين محتوى المصنفات على شرائح رقمية على شكل ذاكره تعرض على هذه الأجهزة حتى يتسنى الإطلاع عليها أو الاستفادة منها وتسمى المصنفات في هذه الحالة بالمصنفات أو الكتب الالكترونية المكرسة (-Dcdicated E Books)، ويكثر استخدامها في نشر القواميس الناطقة والمترجمة منها، وتخدم هذه الشرائح في الغالب لكتب جيب(Pocket E-Book) يسهل الإطلاع عليها عند الحاجة وخاصة في السفر لبلاد أجنبية حيث تفيد في الترجمة الفورية [2].

رابعا – الأقراص الرقمية متعددة الأغراض (DVD).

تمتلك الأقراص الرقمية القدرة على تخزين كميات هائلة من المعلومات التي يمكن الوصول إليها بسهولة وسرعة، وليست سعة هذه الأقراص الكبيرة في الاختزال هي الميزة الوحيدة لها ولكنها الأوسع انتشارا وتداولا .

فهي تخزن بين2 و4.5 جيجا بايت، أي ما يزيد عن ستة أقراص ليزرية مدمجة، أو ما يزيد عن200قرص مرن ، ومن مميزاتها أيضا السرعة الفائقة

1 - راجع د. احمد فضل شبلول،ثورة النشر الالكتروني، ط1، الإسكندرية: دار الوفاء لدنيا الطباعة والنشر، 2004، ص29، 30.

2 - راجع د. حمدي احمد سعد احمد، مرجع سابق ، ص86،87.

في تخزين المعلومات بشكل رقمي يسرع عملية قراءتها بشكل كبير، وقد تصل سرعة القراءة في بعض الوحدات إلى (16.6)ميجا بايت في الثانية،وتمتاز أيضا بإمكانيات تشغيلها في بيئات مختلفة ، وقد وفرت تقنية (DVD) نوعان من الأقراص :-

أ. أقراص (DVD) الفيديوية والتي تشغل بواسطة مشغلات (DVD Player) وتعمل مع التلفزيونات المنزلية .

ب. أقراص (C.D ROM) والتي تعمل مع الحاسوب الشخصي، ويتم تشغيلها بواسطة سواقات (DVD – ROM) والتي يمكن تشغيلها بمشغلات (DVD Player)، ويؤخذ عليها في إمكانية نسخها وتوزيعها بصوره غير شرعية نتيجة أعمال القرصنة التي يقوم بها البعض، إلا أنه تم حل هذه المشكلة بظهور أقراص تحتوي على نظام أمني يجعل من الصعوبة نسخ هذه الأقراص بأي شكل غير شرعي من خلال ترميز هذه الأقراص لتعمل فقط على نوع معين من المشغلات وبشرط استخدام مفتاح أو شيفره محددة وتسمى طريقة التشفير مع هذه الأقراص (CSS) وهي اختصار لجملة (Content Scrambling System) والتي تجعل قراءة الأقراص مستحيلا دون مفتاح أو شيفرة خاصة به [1] .

خامسا- شبكة الانترنت .

تعددت وانتشرت خدمات الانترنت بطريقة أذهلت العالم بأكمله في العصر الراهن الذي أطلق علية وهو في مهده عصر المعلومات لما يشهده من سرعة واتساع لا مثيل لها في نقل المعرفة بشتى أنواعها في كافة أرجاء العالم .

---

1 - انظر د. مجبل لازم المالكي،النشر الالكتروني ، مجلة رسالة المكتبة ، مرجع سابق ، ص59،60.

ومن الخدمات التي تقدمها شبكة الانترنت خدمة البريد الالكتروني، وخدمات الاتصالات المختلفة الفردية أو الجماعية المرئية وغير المرئية (الصوتية)، والمكتوبة إلى جانب خدمات التعليم والإعلانات والتعاقدات والعلاقات العامة، مما جعلها شبكة لا يمكن الاستغناء عنها في هذا العصر .

وتلعب شبكة الانترنت دورا كبيرا في نقل وتداول المعلومات والمعرفة بين الناس على مستوى العالم، فيستطيع أي فرد أن يطلع على ما يشاء من صحف ومجلات ودوريات ومطبوعات والحصول عليها من خلال هذه الشبكة .

ويوجد العديد من المواقع التي تنشر آلاف الكتب الأدبية مجانا كرسالة أدبية أو اجتماعية، وهناك بعض المواقع المتخصصة في نشر كتب معينة- كالكتب التعليمية- دون مقابل حيث يستطيع أي متصفح لأحد هذه المواقع تحميل الكتب والمؤلفات التي يريدها على جهازه الشخصي، والحصول على المعلومات بهذه الطريقة فيه مخاطر مما تحمله من فيروسات تصيب الجهاز المحملة إليه ، إلا إن تقنية مكافحة ومقاومة هذه الفيروسات تخفف من هذا العيب في مقابل إمكانية الحصول على ما تتضمنة هذه المصنفات من مزايا عديدة لمن يريدها .

ويتم النشر الالكتروني للمصنفات عبر الانترنت عن طريق ما يسمى بالمعالجة الرقمية، والتي تؤدي إلى إدخال المصنف إلى الشبكة في صورة مطابقة للأصل تماما، باستخدام الة حاسبة تعرف باسم (ANIAC) وهي اختصار لـ (Electronic Numerical Integrator and Calculator) وتعني المفاضل المتكامل العددي الالكتروني، وتقوم هذه الآلة بتحويل أي معلومات إلى أرقام باستخدام الأصفار والآحاد فقط ويطلق عليها الأرقام الثنائية لأنها تستخدم إلا رقمي الصفر والواحد فقط .

وبتحويل المعلومات إلى هذين الرقمين يمكن تخزينها بأسلوب معين على ذاكرة الحاسب الآلي الذي يفهمها ويترجمها بطريقه آلية إلى حروف وكلمات ولوحات فنية وصور مفهومة للإنسان وتطابق الأصل المأخوذ منه تماما، ولذا تسمى بالمعلومات الرقمية، أو المصنفات الرقمية، وتسمى هذه العملية بالنشر الرقمي أو الالكتروني [1].

1 - راجع د. حمدي احمد سعد احمد، مرجع سابق ، ص87،90.

المطلب الثالث :- مجالات النشر الالكتروني .

لقد استخدم النشر الالكتروني في مجالات عديدة منها:

1. نشر الأبحاث العلمية

حيث يحتاج الطلبة والباحثون إلى توافر هذا النوع من المعلومات إثناء بحثهم، ويسهل هذا النوع من النشر توفير المعلومة لمحتاجيها مهما كان محل تواجدهم سواء عن طريق الحصول على المواد من مؤلفيها مباشرة أو من الأرشيف الإلكتروني (Electronic Archives) ،وخير دليل على ذلك إن القارئ يمكنه الحصول على أي رسالة دكتوراة من خلال الدخول لموقع الدكتور الكاتب لهذه الرسالة والمنشورة إلكترونياً على الموقع بصيغة [1] (PDF).

2. نشر الكتب والمحاضرات الدراسية الجامعية

وفي هذا المجال يستطيع الأستاذ الجامعي أن يختار الكتب والمحاضرات التي يريد تدريسها لطلبته ونشرها إلكترونياً، ليدخل الطالب إلى هذا الموقع المحدد من قبل أستاذ المادة ليحصل على المادة المطلوبة، مع مراعاة إن بعض الجامعات توفر الطابعات الإلكترونية عالية السرعة لطلبتها. ومن الأمثلة عليها مشروع بريموس (PRIMUS) الذي قدمة الناشر ماكروهيل وهو نظام للطبع الإلكتروني حسب الطلب لفصول من الكتب الجامعية [2].

1 - أنظر أمن النشر الإلكتروني، مجلة الحاسوب، مرجع سابق، ص23.

2 - د. احمدانوربدر ، علم المعلومات والمكتبات: دراسات في النظرية والارتباطات الموضوعية ، ط1، القاهرة: دار غريب للنشر والتوزيع، 1996، ص330 ، 331.

3. الصحف والمجلات

منذ وقت قريب أصبح يمكن الوصول إلى النص الكامل للصحف والمجلات عن طريق الخط المباشر (ON LINE) ، حيث قامت مؤسسة ميدداتا السنترال (Mead Data Central) بتقديم مرصد المعلومات نيكسيس (NEXIS) ، ويحتوي هذا المرصد على النصوص الكاملة للواشنطن بوست والنيوزويك و مقتطفات من رويتر والأسوشيتد بريس [1]، ويستطيع المؤلفين والناشرين المحافظة على حقوق ملكياتهم في التأليف والنشر بعقد اتفاقيات مع مراصد المعلومات تمنع المراصد من استخدام أي مواد من صحيفة أو مجلة إلا بعد فقدانها لصفة الحداثة.

4. نشر الكتب والمراجع الأكاديمية

أصبح الآن بإمكان الباحثين عن نوعية معينة من الكتب الحصول عليها إلكترونياً بدل البحث في البلد الناشر لهذا الكتاب أو شراء المراجع عن طريق البريد أو عن طريق زميل للباحث في بلد آخر يحصل له على الكتاب. ويوجد هناك شركات متخصصة في هذا النوع من النشر، حيث تنشر الكتب الأكاديمية (Text Books) وتزود الكتب بأقراص مضغوطة (CD) تكون مرافقة للكتاب كشركة(Bed Ford) ، وللتكلفة العالية لهذا النوع من النشر أصبح الآن يتم العرض والبيع مباشرة عن طريق الإنترنت حيث لا يسلم الكتاب إلا بعد الدفع [2].

---

1 - د.احمد بدر، المدخل إلى علم المعلومات والمكتبات، الرياض: دار المريخ للنشر، 1985، ص334 ، 337.

2 - د. محمد محمد أمان، النشر الإلكتروني وتأثيره على المكتبات ومراكز المعلومات، مجلة، مرجع سابق، ص19.

5. الدوريات العلمية

تتناول هذه الدوريات البحث الأكاديمي، حيث يستطيع الباحث إرسال بحثه بالبريد الإلكتروني لرئيس تحرير هذه الدورية المراد النشر فيها ليقوم هذا بفحصه وتحديد لجنة التحكيم لتقييم البحث، وهنا إما أن توافق لجنة التحكيم على البحث أو تطلب تعديلات معينة أو ترفضه، وفي الحالة الثانية أي حالة التعديلات يستطيع الباحث بكل بساطة إجراء هذه التعديلات ليتم نشر البحث وإخطار المشتركين بالدورية بوجود البحث [1].

وبالرغم من سهولة هذه الطريقة في نشر الدوريات العلمية وقلة تكلفتها إلا انه لم تصدر دورية بالشكل الإلكتروني وحده حتى الآن، حيث لا بد من استخدام الطرق التقليدية كالبريد وما إلى ذلك. ومن الأمثلة عليها: .(Irics Medical Science Series).

6. نشر الأدلة التقنية

وهي منشورات عادة ما تكون كثيرة التعديل والتنقيح، وخير مثال على ذلك كتاب (Handbook safety Inspector Aviation) الذي يصدر عن إدارة الطيران الفيدرالية حيث يضم تصاميم ورسوم ويرسل لمكتب الطباعة الحكومي لتقوم بطباعته ونشره، ويحتاج هذا إلى فترات زمنية طويلة قد تصل إلى شهرين أو ثلاثة أشهر عدا عن التكلفة العالية. ولأن المفتشين يحتاجون لمعلومات حديثة باستمرار قامت إدارة الطيران بنشر هذا الكتاب إلكترونياً على الإنترنت عن طريق تصميمه باستخدام برنامج (Adobe Frame Maker) وتحويله إلى صيغة (PDF) ، ووضعه على شبكة الإنترنت ليستفيد المفتشون

1 - د. حشمت قاسم، مصادر المعلومات وتنمية مقتنيات المكتبات، ط3، القاهرة: مكتبة غريب، 1993، ص144 ، 145 ، و د. عيسى. العسافين، مرجع سابق، ص311.

منه، ووفر ذلك في الوقت والمال عدا عن حل المشكلات التنظيمية داخل الكتاب، حيث انه بحاجه دائمة للتغيير لان أنظمة وقوانين صناعة الطيران دائمة التحديث والتغيير. وبالتالي يستطيع المفتشين الآن الحصول على التعديلات بالبريد الإلكتروني ، حيث يحدد مكان التعديل بالكتاب [1].

7. فهارس وكشافات المكتبات

تقوم الآن معظم المكتبات وخاصة المكتبات الجامعية والعامة بإتاحة فهارس مقتنياتها على شبكة الإنترنت ليستفيد منها الباحثين في أي مكان، وذلك باستخدام طرق كثيرة في البحث منها البحث بالكلمات المفتاحية للعناوين أو المؤلفين أو الموضوعات أو البحث عن طريق الرقم الدولي الموحد للكتاب ردمك (ISBN) ، ومن الأمثلة عليها مكتبة الكونغرس - شبكة (OCLC) - مكتبة جامعة الإمارات.

8. الخرائط والصور

من الأمثلة عليها: Landsat Imagery / Ecobase / Btrl's System.

1 - د. محمد جاسم فلحي، النشر الالكتروني: الطباعة والصحافة الالكترونية والوسائط المتعددة ، مرجع سابق، ص88 ، 89.

الفصل الثاني

أثر النشر الالكتروني على المكتبات ومراكز المعلومات وعلاقته بالانترنت

اثر النشر الالكتروني على المكتبات ومراكز المعلومات

المطلب الأول: خدمات المكتبات ومراكز المعلومات

المطلب الثاني: العاملون في المكتبات ومراكز المعلومات

المطلب الثالث: مصادر المعلومات

المطلب الرابع: مباني المكتبات ومراكز المعلومات

المبحث الثاني

النشر الالكتروني والانترنت

المطلب الثالث: مجالات استخدام الانترنت في المكتبات ومراكز المعلومات

المطلب الرابع : الانترنت والنشر الالكتروني

الفصل الثاني

أثر النشر الالكتروني على

المكتبات ومراكز المعلومات وعلاقته بالانترنت

نعلم بأن المكتبات ومراكز المعلومات تقدم الخدمات للباحثين والمستفيدين، حيث تقوم في عمليات الفهرسة والتصنيف والإعارة والتزويد ....، لجميع أنواع المواد المكتبية كالكتب والمواد غير المطبوعة ....، وقد كانت هذه العمليات تتم بشكل يدوي، ولكن مع التطور والتقدم في المجال الالكتروني. فلا بد بأن يطرأ تغير وتحول جذري لاستخدام هذه التكنولوجيا المتقدمة في مجال المكتبات ومراكز المعلومات، وجميع ما تقدمه من خدمات للمستفيدين منها. ومع وجود الانترنت في الوقت الحالي ، فإن هذا سيكون له أكبر الأثر على المكتبات ومراكز المعلومات. لذلك فإننا سنقسم هذا الفصل إلى مبحثين بحيث يتضمن المبحث الأول: أثر النشر الالكتروني على المكتبات ومراكز المعلومات، والمبحث الثاني: علاقة النشر الالكتروني بالانترنت.

المبحث الأول

أثر النشر الالكتروني على المكتبات ومراكز المعلومات

يتضح لنا حالياً أن التطور العلمي والتكنولوجي في مجالات النشر، قد أثر على خدمات المعلومات ومعالجتها واسترجاعها ونقلها للمستفيدين، وبالتالي فإنه على جميع المكتبات ومراكز المعلومات مجاراة هذا التطور والتقدم في مجال تقديم المعلومة، لتأخذ دوراً قيادياً رائداً، وإلا فإن اللجوء إليها سوف يضمحل تدريجياً إلى أن ينتهي في مجال طلب المعلومة من محتاجيها. ولذلك فإن متابعة هذه المكتبات ومراكز المعلومات للتطورات في مجال النشر الالكتروني والتأثر به والاستفادة منه، سوف يؤثر عليها من عدة جوانب سنبحثها في خمسة مطالب حيث يتضمن المطلب الأول خدمات المكتبات ومراكز المعلومات، والمطلب الثاني العاملون في المكتبات ومراكز المعلومات، والمطلب الثالث مصادر المعلومات، والمطلب الرابع مباني المكتبات ومراكز المعلومات، والمطلب الخامس المستفيدون من خدمات النشر الالكتروني .

المطلب الأول: خدمات المكتبات ومراكز المعلومات

إن الهدف الأساسي من وجود المكتبات ومراكز المعلومات هو توفير الخدمات لطالبيها سواء من حيث الحصول على المعلومة، أو المساعدة على استخدام بنوك المعلومات، أو توفير خدمات مرجعية وإجابات على استفسارات روادها ...، وعادة يساعد المستفيدين في الحصول على حاجاتهم الموظفين

والعاملين في المكتبات، ولكن هناك عدة سيئات وعواقب تواجه المستفيدين في الاستفادة من المعلومة بهذه الطريقة ومنها:

1. البطء في الحصول على المعلومات، حيث يحتاج البحث أحياناً إلى ساعات طويلة لحصول المستفيد على ما يحتاجه.

2. وجود المعلومات في مكتبات معينة دون وجودها في مكتبات أخرى، ولأن المكتبات تقع في مناطق جغرافية متباعدة فإن ذلك يتطلب من المستفيد التنقل من مكان لآخر للحصول على المعلومات [1].

وبدخول النشر الالكتروني في مجال المكتبات ومراكز المعلومات فإن ذلك له أكبر الأثر على الخدمات التي تقدمها، ويتضح ذلك بتوافر قواعد وبنوك المعلومات بشكل كبير، فباستطاعة أمين المكتبة توفير خدمات للمستفيدين بشكل أسرع وأفضل للبحث والاسترجاع للإنتاج الفكري في حالة توافر الكتب والمطبوعات في شكل الكتروني، عدا عن خدمة الإحاطة المستمرة والجارية المناسبة لكل ما هو حديث، بالإضافة لتوفير خدمات البحث الببليوغرافي المباشر وببليوغرافيات متنوعة أكثر للاستخدام والاختيار وزيادة خدمات الاستنساخ والتصوير.

ويمكن أيضاً الوصول إلى مصادر المعلومات الموجودة في أماكن متعددة داخل القطر الواحد أو بلدان متعددة، ونقل المؤتمرات بعيدة المدى والندوات والوثائق والنصوص والنشاطات العلمية. وتوفر الشبكات الالكترونية فهارس المكتبات الإقليمية والعالمية والخدمات الهاتفية والسلعية ومعلومات البورصات المالية والإحصاءات الاقتصادية [2].

1- د. عبد الرزاق يونس، تكنولوجيا المعلومات، عمان: جمعية عمال المطابع التعاونية، 1989، ص77.

2- د. جبريل بن حسن العريشي، النشر الالكتروني، مجلة المعلوماتية، ع2، 2003، ص3.

وينتج عن النشر الالكتروني في مجال الخدمات المكتبية والمعلوماتية الدقة والسرعة في إجراءات الخدمة، وخير أمثلة على ذلك: إصدار نشرات الإحاطة الجارية التي كانت تجرى شهرياً والآن أصبح بالإمكان إصدارها بشكل يومي من خلال مواقع في شبكة الانترنت، أو نشر كشافاتها ومستخلصاتها ونظم استرجاع المعلومات الخاصة بها من خلال موقعها على شبكة الانترنت، مما يفسح المجال للمستفيد الحصول على المعلومة وهو في مكتبه أو بيته أو بتوافر البرامج الحاسوبية التي توفر عناوين الكتب التي تغطي مجالاً معيناً وبصورة سريعة [1].

ومن أدوات الشبكة (شبكة الانترنت) المعروفة التي تساعد بتوفير المعلومات والخدمات:

1. WIDE AERA INFORMATION SERVIES (WAISE)

بدأت هذه الخدمة كمشروع خاص بثلاثة شركات كبرى هي Dow Jones, Thinking Machines, Apple ، يعتمد هذا المشروع على استخدام الحاسب الآلي في عملية البحث وتطوير كفاءته في هذا الاتجاه وخاصة عند البحث خلال كم هائل من المعلومات. وقد تبع هذا المشروع العديد من المحاولات بهدف خلق نظام للبحث خلال مصادر المعلومات على المستوى العالمي، وقد تبلورت هذه المحاولات في إنشاء خدمة المعلومات واسعة النطاق (Wais). ويمكن من خلال استخدام كلمات دليلة (Keywords)، أو كلمات مفتاحية في استرجاع نصوص كاملة وبمساعدة الإمكانيات التي يتيحها النص الفائق المستخدم في كتابة هذه النصوص.

1ـ د. أبو بكر الهوش، التقنية الحديثة في المعلومات والمكتبات: نحو إستراتيجية عربية لمستقبل مجتمع المعلومات، القاهرة: دار الفجر للنشر والتوزيع، 2003، ص159 وما بعدها .

ومثل كل الخدمات التي تقدمها شبكة الانترنت، تستخدم المعلومات واسعة النطاق (Wais) عميل/ خادم (Client / Server) ، والتي يطلق عليها أيضاً مستفيد / مزود، حيث يتم التفاعل المباشر مع برنامج (Wais Client) . وهذا البرنامج يقوم بإظهار المعلومات وتنفيذ الأوامر. أما برنامج (Wais Server) فيقوم بحفظ كل مصادر البيانات. وهناك العديد من خادمات (Wais) عبر الشبكة ويمكنك الوصول إلى أي منها عبر (Wais Client) ، والتي يتوافر العديد منها من خلال بروتوكول نقل المعلومات (FTP) . وأشهر أنواع هذه الخادمات هي (Swais) ,(Wais Search لنظم (Unix) ,(Xwais) لنظام النوافذ. وإذا لم يوجد لديك (Wais Client) على حاسبك يمكنك الاتصال بالشبكة عبر (Telnet) ، وبمجرد الاتصال يتم تشغيل العميل بطريقة آلية وبدون كلمة سر [1].

2. برنامج (GOPHER)

وهو برنامج لتسهيل عملية التخاطب والبحث عن المعلومات، طرحته جامعة مينسوتا عام 1991، وقد أصبحت خدمة غوفر Gopher أداة مستخدمة على نطاق واسع في الانترنت، إذ يستطيع المستفيد من خلالها القيام باستعراض المعلومات دون أن يتوجب عليه أن يحدد سلفاً أين توجد هذه المعلومات• وعند استخدام (غوفر) ننتقل عبر الانترنت كلما انتقلنا من خطوة إلى أخرى في عمق قائمة استعراض Gopher ونستطيع النفاذ إلى قوائم المكتبات وإلى الملفات وقواعد البيانات. وهناك برمجيات مساعدة للبحث ضمن فضاء Gopher وهي

1- مصطفى رضا عبد الوهاب (وآخرون)، الانترنت ... طريق المعلومات السريع، القاهرة: مطابع المكتب المصري الحديث، 1996، ص167.

برمجيات Veronica Jughead، وتساعد Veronica في البحث عن الوثائق، بينما تساعد Jughead في البحث عن عناوين الأدلة فقط [1].

File Transfer Protocol (FTP) .3

تعتبر من أقدم الخدمات التي تقدمها شبكة الانترنت، وهي طريقة سهلة لنقل الملفات بين أجهزة الكمبيوتر البعيدة عن بعضها والمرتبطة على شبكة الانترنت ، وتتميز بأنها تخزن الملفات على القرص الصلب لجهاز المستخدم ، وتكمن أهميتها أيضا في قدرتها على نقل الملفات ذات الحجم الكبير والتي يعجز البريد الالكتروني عن نقلها وتسمى عملية نقل الملفات من جهاز خادم الويب (Web Server) إلى جهاز المستخدم بعملية التنزيل (down loading) ، فيما تسمى عملية نقل الملفات من جهاز المستخدم إلى جهاز الويب بعملية التحميل (up loading) ، وتعتمد خدمة نقل الملفات ftp على مبدأ الخادم المستفيد (client/server) حيث يسمح جهاز الخادم لجهاز المستفيد بتنزيل ملفات معينة بعد إدخال username و password . ومن مميزاتها السرعة والكفاءة العالية، وتحميل الملفات على أجهزة المودم، ويمكن إجراء التعديل والحذف وإعادة التسمية، ولا يستطيع أي شخص استخدامها باستثناء المستخدمين المرخصين حيث أنها تدعم السرية [2].

4. البريد الالكتروني E-MAIL

هو الأداة الأكثر استخداماً في خدمات الانترنت، بشكل عام يعتمد على

1- د.حسانة محي الدين، قواعد البيانات على الانترنت والإفادة منها، مجلة العربية 3000، ع1، 2000 - موقع انترنت- http://www.arabcin.net/arabiaall/2000/14.html

2- نسيم عبد الوهاب مطر، صلاح حميدات، إياد الشوابكة، مقدمة إلى الانترنت، عمان: دار البركة للنشر والتوزيع، 2002، ص44-45.

الإعدادات التي يوفرها مزود الخدمة والبرنامج المستخدم للبريد، كما أن برامج استعراض ويب تحتوي على برنامج ضمني للبريد الالكتروني، كما يمكن استخدام العديد من البرامج المجانية مثل ايدورا، لكن من المهم إدراك أن مبادئ عمل البريد الالكتروني متشابهة في جميع البرامج بغض النظر عن البرنامج الذي تستخدمه حتى مع اختلاف شكل الواجهة التي تظهر أمامك على الشاشة أو شكل وعدد الأزرار التي تقوم بالنقر عليها، ويتألف البريد الالكتروني من ثلاثة أجزاء مثل khaled@yahoo.com وتفسير هذه الأجزاء هي:

أ. اسم الخاص وهو اسم الحساب الذي تشترك به مثل Khaled أو أي اسم.

ب. علامة @ تعني اختصار كلمة حرف الجر (على) .

ج. اسم المجال الذي تتصل به yahoo.com وهو اسم شركة ياهو التي تعمل في النشاط التجاري

عندما تتفق مع مزود خدمة فإنه يزودك بالبرامج التي تحتاج إليها أو تجد هذه البرامج ضمن نظام التشغيل الذي تعمل عليه ويمكنك الحصول على برامج البريد المجانية من مجلات الكمبيوتر أو من الأصدقاء. ويطلق على الحساب أحياناً تعريف أو معرف المستخدم User ID أو اسم المشترك Member Name أو اسم الشاشة Screen Name أو اسم المستخدم User Name أو تعريف الدخول Logon ID أو اسم الدخول Login Name وتعني جميع هذه الأسماء الاسم الذي تستخدمه للتعريف عند دخولك إلى الشبكة عبر حسابك. ولاستخدام البريد الالكتروني تكون بحاجه إلى:

- مزود خدمة للاتصال مع شبكة إنترنت.

- حساب على جهاز مزود خدمة.

- برنامج بريد الكتروني.

● عنوان بريد الكتروني على الشبكة.

هناك شركات توفر البريد الالكتروني مجاناً على شبكة الانترنت، يمكن الاشتراك مع أي جهة من جهات البريد الالكتروني المجاني المنتشرة على شبكة الانترنت. وتحتاج إدخال اسم المستخدم User NAME وكلمة السر Password ليتمكن برنامج البريد الالكتروني من مراجعة مكتب البريد [1].

يوجد نوعان للبريد الالكتروني هما:

أ. إرسال الرسائل الالكترونية واستقبالها عن طريق الشبكة المحلية الخاصة بالشركة ولا يستطيع أي شخص من خارج الشبكة الوصول إليها.

ب. الاتصال بالانترنت بهذه الحالة يمكن إرسال واستقبال رسائل الكترونية من الأشخاص أو الشركات المتصلة بالانترنت [2].

5. برنامج Telnet

هو برنامج يحول مضيفك على الانترنت إلى طرفية لكمبيوتر مضيف آخر على الانترنت، ويؤمن التلنت الوصول المباشر إلى مختلف خدمات الانترنت، وخصوصاً تلك الخدمات التي لا تتوفر في مضيفك. وعلى سبيل المثال، عندما يقوم بعض مواطني البلاد الالكترونية بكتابة برامج الشبك لمساعدة الآخرين، يسمح التلنت بالوصول إليها واستعمالها. كما يسمح بالوصول إلى موارد المعلومات القيمة.

يعتبر التلنت سهل الاستعمال، وما عليك سوى كتابة (telnet) ومن ثم

1ـ انظر عبد الحميد بسيوني، مرشد الانترنت، ط1، القاهرة: مكتبة ابن سينا، 2004، ص57ـ58.

2ـ سمير لافي (وآخرون)، المدخل إلى الرخصة الدولية والبوابة الالكترونية، ط1، عمان: دار يافا للنشر والتوزيع، 2006، ص34.

العنوان المطلوب ، وفور نجاح الاتصال، يصبح الكمبيوتر الذي لديك طرفية بالنسبة للآلة البعيدة، وبالتالي يمكنه التداول بالبرامج المتوفرة فيها. ويبقى تلنت في الظل فيما خلال تعاملك مع تلك الآلة البعيدة. وهناك العديد من المكتبات الضخمة التي تسمح لك بالوصول إلى برامجها عبر التلنت كمكتبة الكونغرس الأمريكي [1].

6. الشبكة العنكبوتية العالمية (الشبكة النسيجية) www

بدأت في الظهور في عام 1992، والتي يعزى لها الانتشار الواسع للانترنت، وتمثل مدخلاً ميسراً للانترنت وواجهة استخدام موحدة للعديد من أدوات الشبكة المتاحة، وتعمل عن طريق تأسيس روابط نصية متشعبة Hypertext Link بين الوثائق الموجودة في أي مكان على الشبكة. ولتسهيل عملية التنقل بين المصادر المختلفة فان الكلمات أو المقاطع الموجودة في الوثيقة والتي تكون مرتبطة بمعلومات أخرى تكون موضحة بشكل (لون آخر مثلاً) لتدل على حالتها الارتباطية، وعندما يتم اختيار أي من هذه الكلمات فانه يمكن مشاهدة الوثائق المرتبطة بها، وهذه الوثائق قد تحتوي على مواد متشعبة أخرى Hypermedia غير النصوص المتشعبة، فقد تحتوي على أيقونات Icons تمكن من سماع الأصوات المتعلقة بالوثيقة. بالإضافة إلى الوثائق، فان الشبكة النسيجية تسمح بالدخول والاستفادة من خدمات الانترنت الأخرى مثل جلسات تلنت ، وغوفر، وأرشيفات مجموعات الأخبار، وبحث الأسماء وغيرها. كما تمتلك الشبكة قدرات عرض الوسائط المتعددة أيضا، لذا يمكن استخدام ملفات الصوت والفيديو، ولكن هذه الملفات تكون غالباً ملفات ضخمة نوعاً ما، والدخول لهذه الملفات يعتمد على سعة الناقل في الشبكة. وهذا يؤثر بالتالي

1ـ ماريتا تريتر؛ ترجمة مركز التعريب والبرمجة، كيف تستعمل الانترنت، بيروت: الدار العربية للعلوم، 1996، ص77ـ78.

على سرعة الاستجابة . لذا قد يكون الدخول عبر المودم Modem يعتريه بعض التأخير الملحوظ وخصوصاً عند تحميل الصور والملفات الكبيرة.

بنيت الشبكة العنكبوتية WWW على أساسين من الأنظمة Protocols and Languages أولهما Hypertext Transfer Protocol (HTTP) أي الربط والنقل لكافة النصوص المتشعبة بين مزودات ومتصفحات الشبكة العنكبوتية العالمية، وثانيهما Hypertext Markup Language (HTML) ، ويستخدم هذا النوع لبرمجة النصوص البيانية في الشبكة العنكبوتية العالمية. وتسمى برامج الشبكة العاملة على أجهزة المستفيدين Clients متصفحات و Browsers مستعرض. وهناك متصفحات متوفرة لمعظم أنواع الحاسبات، وتتفاوت من متصفحات خطية بسيطة إلى تلك المتصفحات ذات واجهات الاستخدام الرسومية المعقدة مثل Netscape و Internet Explorer. ومن أدوات ومحركات البحث على الشبكة العنكبوتية العالمية، نذكر منها:

أ. أدوات ومحركات البحث اللاتينية

لمدى الحاجة للبحث عن المعلومات المتزايدة في الانترنت أخذت العديد من الشركات في بناء مواقع لمحركات بحث (Search Engine) بهيئة صفحات نسيجية تمكن زائر الموقع وباستخدام أحد المتصفحات من البحث عما يريد بصيغ متنوعة في عشرات الملايين من المواقع العالمية. فعند حصول المستخدم على قائمة طويلة لبحثه فبإمكانه تخصيص البحث ليتمكن من الحصول على المواقع التي لها علاقة اكبر بموضوع بحثه، وفيما يلي نشير إلى ابرز وأشهر هذه الأدوات والمحركات [1]:

1- راجع د. عزيز الأسمر، محركات البحث على الويب، ط1، حلب: شعاع للنشر والعلوم، 2001، ص 79، 108، 135، 173.

● www.excite.com

يعتبر كمحرك بحـث في المجـال الوسطي، وتعتبر قاعدة بياناته مـن الحجـم المتوسـط. ويمتلك إمكانيات البحث البولياني الكامل، وإمكانية البحث عن جمـل، لكنـه محـدود في مجـال البحث الحقلي، كـما أنـه لا يسـتطيع التمييـز بـين حـالات الأحـرف، فهـو لا يسـمح للمسـتخدم بالتحكم بعمليات القطع. كما أنه الإصدار المتقدم منه يسمح بـبعض البحـث الحقـلي، كـما أنـه يعرض خيارات التنسيق، لكنه أقل مرونـة عـلى مسـتوى البحـث البوليـاني. يقـدم أيضـاً صفحة واجهة للبحث الدقيق (Precision Search) وهي صفحة مشتقة من صفحته الرئيسية لكـن بـدون مزايا العبور.

تركز صفحته الرئيسية على الأخبار والرياضة وبرامج التلفزيون والطقس وغيرها. يفهـرس Excite حوالي 250 مليون صفحة ويب. يوجد له عدد من نقاط القوة منها: مزايا عبور وشخصنة ممتازة، خيار عرض الخرج حسب موقع الويب، إمكانية إطلاع آنية قوية جـداً. كـما انه يؤخـذ عليه عدداً من نقاط الضعف منها: بحث حقـلي محـدود جـداً، لا يمكـن للمسـتخدم التـحكم بالقطع، قاعدة بياناته صغيرة مقارنة بمحركات البحث الأخرى.

● www.yahoo.com

يعتبر من أول أدوات البحث على الويب، محرك بحث فعال ، خاصة لأنه يكامل طبيعته الأولية كدليل مع الفهرسة وبعض ميزات البحث المفيدة كالقطع، والبحث المنطقي والبحث عن الجمل. ويملك Yahoo نقاط قوة أساسية هي:

1. التكامل بشكل فعال بين البحث ووظائف الدليل والموارد الأخرى (كالأخبار وقاعدة بيانات الويب الضخمة).

2. مجموعة جيدة من مزايا التخصيص والعبور.

3. استمراره كأداة معروفة وذات وضع متميز لدى المستخدمين.

يعتبر دليل Yahoo هو أصغر مـن أدلـة منافسـيه الكبـار، إلا أن التكامـل الفعـال لدليلـه والمفتوح مع الموارد هو السبب الرئيسي لاهتمام الباحثين به.

يبلغ عدد المواقع في قاعدة بياناته حوالي مليون سجل، ولكن ارتباطه مـع قاعـدة بيانـات قوقل تسمح له عملياً بالوصول إلى ما يقارب بليون صفحة.

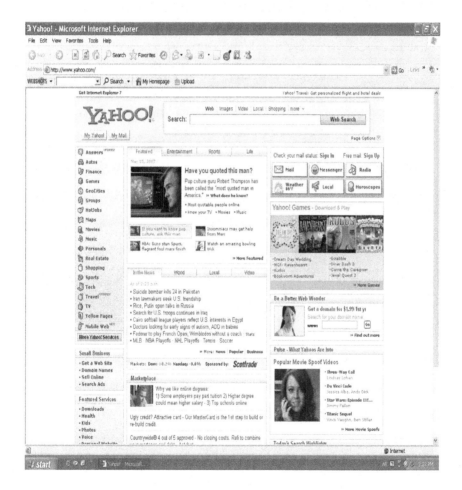

- **www.google.com**

يعتبر قوقل محرك بحث ذات شعبية واسعة، ويتم ترتيب السجلات في قاعدة بياناته الضخمة جداً اعتماداً على شعبيتها. لقد تمكن قوقل من إيجاد شعبية واسعة جداً له بسبب فعالية طريقة الترتيب التي يتبعها، بالإضافة إلى البساطة الكبيرة لواجهة البحث فيه.

أن خيارات البحث محدودة جداً، حيث لا يوجد قطع، والبحث الحقلي متواضع، ولا يمكنه تحسس حالة الأحرف، ...الخ. يسترجع قوقل السجلات استناداً إلى دمج جميع الحدود وترتيب الخرج استناداً إلى الشعبية، مع اخذ مقاربة الحدود بعين الاعتبار.

● www.lycos.com

يعتبر من أقدم محركات البحث في الويب راكداً من ناحية الحجم لفترة طويلة. ولكنه شدد على طبيعة بوابته حيث أضاف الكثير من الميزات إليها. وفي عام 2000 قام بتوسيع قاعدة بياناته بشكل واسع ليصبح احد أضخم محركات البحث الفعالة التي تتمتع ببوابة غنية أيضاً، مع دمج الموارد قيمة متنوعة مع نتائج البحث. يؤمن Lycos مستويين من البحث، حيث توفر الصفحة الرئيسية ميزات البحث البسيطة. بينما يؤمن البحث المتقدم خيارات كثيرة وحقول متعددة لعملية البحث مع عشرات قواعد البيانات البديلة (مثل الوسائط المتعددة والوصفات لتحضير الأطعمة). ويتوفر Lycos في بلدان ولغات متعددة. وتضم قاعدة بياناته حوالي 575 مليون صفحة.

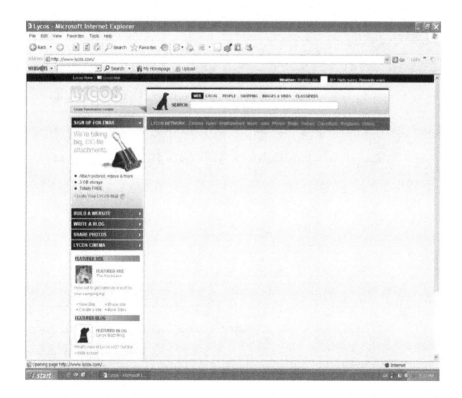

ب. أدوات ومحركات البحث العربية

بالرغم من كثرة محركات البحث على الانترنت إلا إنها مناسبة للبحث باللغات اللاتينية ولا تفي بمتطلبات البحث باللغة العربية إلا في نطاق ضيق جداً بالرغم من تزايد وتضاعف المعلومات باللغة العربية على الانترنت، ومن أشهر أدوات ومحركات البحث في اللغة العربية :

- www.alidrisi.com

وهو نظام للبحث باللغة العربية باستخدام تقنية حديثة لمعالجة اللغة العربية، بحيث يتيح للمستخدم العربي إمكانية الاستفادة من دخول آفاق الانترنت والحصول على المعلومات في كل المجالات بأسرع وأقل جهد. ويعد البحث الإدريسيي حلاً للبحث داخل شبكة الانترنت التي تحتوي على معلومات ازدادت بشكل هائل، مما جعلها بمثابة مخزن لملايين الصفحات من المعلومات[1].

ويتميز الإدريسي بمجموعة من المميزات التي تجعله من أهم محركات البحث باللغة العربية، ومن هذه المميزات [2]:

1. يتكامل مع مرشحات INSO التي تدعم جميع تنسيقات ميكروسوفت أوفيس و225 تنسيقاً قياسياً مثل HTML و TXT وRTF وPDF.
2. يدعم الإدريسي فهرسة وبحث المستندات من مختلف قوائم الرموز، سواء من أنظمة تشغيل مختلفة (مثل الماكينتوش)، أو من لغات مختلفة (مثل اللغة الفرنسية).

1- جمال نادر، تعلم الانترنت بدون معلم، ط1، عمان: دار الإسراء للنشر والتوزيع، 2005، ص18-25

2- ما هو الإدريسي - موقع الكتروني -

http://www.sakhr.com/sakhr_a/Products/Idrisi.htm?Index=2&Main=Products&Sub=Idrisi

3. يتوافق الإدريسي مع نظم أمان ويندوز NT ، مع التحكم في الوصول للبيانات.

4. يسمح الإدريسي بمعالجة البيانات وفهرستها وتحديثها تلقائياً، مما يتيح للمستخدم الحصول على أحدث وأدق المعلومات دون الحاجة لإعادة تكوين وفهرسة المجموعات يدوياً.

5. محرك بحث ثنائي اللغة يدعم خصائص كل من اللغتين العربية والإنجليزية.

6. يوفر للمستخدمين قوالب بحث ونتائج قابلة للتخصيص. تغطي هذه القوالب جميع الخيارات التـي قـد يحتاجهـا المستخدم مثـل عـدد النتـائج، مـن البسيطة أو المركَّبة إلى التفصيلية المتقدمة .

● www.av.com أو www.altavista.com

يعتبر من أهم وأقوى محركات البحث على الويب. يؤكد على البحث أكثر من كونه بوابة عبور. إنه يقدم جملة قوية من مزايا البحث بالإضافة إلى إمكانية الوصول إلى قواعد بيانات إضافية كتلك التي تتضمن صور أو مقاطع صوتية. وهو يوفر الآن مجموعة من الأدوات الأخرى، والتي تشمل مجلـدات الهاتف، البحث عن الأخبار، الترجمة. بالإضافة إلى خيار البحث القوي، لم يقدم AltaVista فقط إمكانيات قوية للبحث، وإنما جعل الخيارات واضحة وسهلة الوصول.

تتضمن مزايا البحث فيه البحـث البوليـاني، البحـث المقـارب(Near) ، والبحـث الحقـلي الموسع (بالإضافة للقطع). كما أنه يقدم بيانات صور، وصوت وفيديو وأخبار وأعمال، ومنتجـات بالإضافة إلى مجلد Look Smart [1].

---

1 - راجع د. عزيز الأسمر، مرجع سابق، ص78.

www.ayna.com ●

يعد محرك البحث (أين) من أهم محركات البحث باللغة العربية، حيث يستخدم على نطاق واسع من الباحثين في البلاد العربية، كما أنه يستخدم اللغة الإنجليزية والفرنسية، وتضم قاعدة بياناته الكثير من المعلومات منها الأخبار، والألعاب، والإعلانات التجارية، الأبراج والكثير من الخدمات الأخرى التي يقدمها .

أين - محرك البحث العربي - Microsoft Internet Explorer
File Edit View Favorites Tools Help
http://www.ayna.com/
AYNA
TAGHeuer
http://www.ayna.com/index.ar.html
Internet
start

المطلب الثاني: العاملون في المكتبات ومراكز المعلومات

يقوم الموظف المكتبي عادةً في العمل بالفهرسة والتصنيف والمعالجة الفنية والتجليد والترتيب على الرفوف ...، ولكن عند إدخال تكنولوجيا المعلومات واستخدام الانترنت في المكتبات، فان ذلك يدعو لتحويل مهمة المكتبي تدريجياً لتصبح من معالجة الكتب إلى معالجة المعلومات والحقائق التي يقدمها لمحتاجيها. وبالرغم من توجه البعض إلى أن ذلك سوف يؤدي إلى التقليل من عدد العاملين في المكتبات، إلا أنه بالمقابل سوف يزيد الطلب على المكتبيين المؤهلين بتزويد المستفيدين لمصادر المعلومات الصحيحة من جهة والفنيين المتخصصين بصيانة الأجهزة وتصليحها من جهة أخرى [1]. وهذا يتطلب من المكتبيين التدرب على استخدام المصادر والنظم الالكترونية والسرعة في اتخاذ المواقف الايجابية نحو المستقبل، والسعي للتعلم والإلمام بمصادر وقواعد وبنوك المعلومات وليس المعلومات المادية داخل جدران المكتبة، وكذلك يجب أن يكون على معرفة كبيرة بأجهزة الحاسوب والقدرة على استخدامه في البحث للوصول إلى المعلومات المطلوبة.

ولا يكفي هنا استيعاب المكتبيين للأساليب الجديدة في مجال النشر الالكتروني بل يتطلب الاستجابة لكل ما هو جديد في هذا المجال، ومتابعة تطوره وتقدمه وتفهمه [2]، ليحتفظ لنفسه بقدر من السيطرة من خلال كونه حامل المفاتيح ليكون المسئول عن إجراء الاتصال مع الجهات المضيفة للخط المباشر ومع ناشري المواد الالكترونية ليزود النظم بكلمات السرـ الخاصة بـالخط المباشر والملفات الالكترونية.

1ـ د. يونس عبد الرزاق، مرجع سابق، ص83.

2ـ د. أبو بكر محمود الهوش، مرجع سابق، ص162.

ويقع على عاتق المكتبي إنشاء ملفات بحث لتقديمها للباحثين والدارسين، وكذلك إنشاء ملفات معلومات شخصية وتقديمها عند الحاجة، وأن يلفتوا انتباه المستفيدين إلى الخدمات والمطبوعات الإلكترونية الجديدة ليكون دور المكتبة نشر وترويج وتسويق هذه الخدمات ودور المكتبي إعادة تصميم مخططات المكتبة ونقاط الخدمة فيها من حيث الفهرسة والتصنيف والتخزين[1].

1- د. شوقي سالم، صناعة المعلومات، مرجع سابق، ص223.

المطلب الثالث: مصادر المعلومات

أدت تكنولوجيا المعلومات الحديثة إلى أفضل سبل لاستغلال مصادر المعلومات، ويتضح ذلك بتناقص دور مصادر المعلومات التقليدية وظهور مصادر المعلومات الالكترونية الحديثة التي تتصف بالشمول والسعة والدقة في تغطية المواضيع.

وأصبح الاتجاه الآن الاستفادة من تكنولوجيا المعلومات والاتصال لتطوير نظم معلومات إلكترونية تعتمد على تخزين واسترجاع وبث معلومات غير ورقية، حيث أن هناك كم هائل من المقالات والأبحاث ونتائج الدراسات التي تنظم وتدرس وتنتج إلكترونياً باستخدام نظم الاتصال اللاسلكية الرقمية دون الحاجة إلى الورق والحبر والمطابع.

ولذلك فإننا نجد أن المكتبات ومراكز المعلومات أصبحت تتعامل مع هذه التكنولوجيا المتطورة من أقراص ليزرية وأقراص (DVD) والوسائط المتعددة وغيرها في توفير خدماتها للمستفيدين منها.

المطلب الرابع: مباني المكتبات ومراكز المعلومات

إن استخدام المكتبات ومراكز المعلومات للتكنولوجيا الحديثة من وسائط إلكترونية وبريد الكتروني ... الخ في توفير المعلومات لمحتاجيها سوف تؤدي بالتأكيد إلى التخلص من الصفوف المتراصة لعرض المجلات والموسوعات والكتب مما يؤدي إلى تقليل مساحة التخزين داخل المكتبة، وهذا بدوره يؤدي إلى إضعاف دور المكتبة التقليدية أو تختفي نهائياً حسب آراء المتخصصين في هذا المجال.

لأن إمكانية الحصول على أي معلومة من المستفيدين يمكنهم الحصول عليها مباشرةً سواء أكانوا في بيوتهم أو أي مكان آخر [1]. ولكن لا بد من الإشارة إلى أن دخول التكنولوجيا لتوفير هذه المعلومات تحتاج إلى الوقت كون هذه الوسائل حديثة نسبياً خاصة في الوطن العربي.

وبناءاً على ذلك نجد أن المكتبات ومراكز المعلومات ستكون مستقبلاً متخصصة في اقتناء وتنظيم وتخزين المعلومات للإفادة منها ودعم نشاطات البحث العلمي وتحقيق تقدم المجتمعات زراعياً وصناعياً وعلمياً.

ومن خلال دخول المكتبات بالبرامج التعاونية مع شبكات المعلومات الوطنية ومن ثم تكوين شبكة المعلومات العالمية سوف لا تبقى الحاجة للمكان أو المباني الضخمة حيث لا يكون لها أي دور تلعبه ويكون دور المكتبة محطة أو وسيط بين المستفيد ومنتج المعلومة أو عضو بشبكة هدفها تسهيل مهمة الباحثين والمستفيدين للاتصال ببنوك وقواعد المعلومات للحصول على احتياجاتهم المعلوماتية [2].

1- د. عبد الرزاق يونس، تكنولوجيا المعلومات، مرجع سابق، ص79 وما بعدها.

2- د. مجبلي لازم المالكي، النشر الالكتروني، رسالة المكتبة، مرجع سابق، ص67.

المطلب الخامس: المستفيدون من خدمات النشر الالكتروني

يتحدد أثر التكنولوجيا الحديثة على المستفيدين من خلال كيفية الاستفادة من النشر ـ الالكتروني وكيفية التسويق للمعلومات والدعاية لها ومكان وجودها لوصول المستفيد إليها بوجود كم هائل من المعلومات، ذلك انه يمكن أثناء البحث عن المعلومة أن يطلع المستفيد على كثير من المعلومات التي لا يريدها وخاصةً في وجود أسعار محددة للوصول إلى بعض المعلومات.

ولذلك فانه يقع على عاتق المستفيدون أو العلماء أو الباحثين الذين يستخدمون شبكات المعلومات أن يعرف كيف يحصل على ما يريد من معلومات، وأين يقدم الطلبات ، وأين يـدفع القيم المحددة، بالإضافة إلى ضرورة استخدام الحاسبات في ميزانيته حتى يكون قادر على سـداد ثمن المطبوع الالكتروني مـع وسائل استلامه وقراءته [1]. وبقدرته تلك فانه يصبح بإمكانه الاستفادة من الخدمات والبرامج الثقافية والعلمية والبرامج التعليمية والتدريبية التي تتناسب مع اهتماماتهم.

1- د. شوقي سالم، صناعة المعلومات، مرجع سابق، ص220 وما بعدها.

المبحث الثاني

علاقة النشر الالكتروني بالانترنت

هناك علاقة وطيدة بين النشر الالكتروني والانترنت، حيث إن كلاهما يعتمد بدرجة كبيرة على الأجهزة والاتصالات الالكترونية الحديثة وخاصة الحاسبات الآلية، حيث أصبح النشر الالكتروني والانترنت يستخدم على نطاق واسع في جميع أنحاء العالم وفي جميع مجالات الحياة كالتجارة الالكترونية والتعليم ونشر الكتب والدوريات والألعاب وغيرها،لذلك فصلنا هذا المبحث إلى أربعة مطالب يتضمن المطلب الأول مفهوم الانترنت ومراحله وخدماته، والمطلب الثاني متطلبات الانترنت وإيجابياته وسلبياته، والمطلب الثالث مجالات استخدام الانترنت في المكتبات ومراكز المعلومات، والمطلب الرابع الانترنت والنشر الالكتروني .

المطلب الأول: مفهوم الانترنت ومراحله وخدماته

أولاً: مفهوم الانترنت

تعرف الانترنت بأنها مجموعة من الشبكات المحلية والعامة تديرها شركات خاصة معظمها يؤمن المكالمات الهاتفية البعيدة مثل MCI, Sprint, AT&T ومن شأن

هذه الخطوط الهاتفية ربط الشبكات الخاصة والحكومية وكذلك الحواسيب المنزلية بعضها ببعض [1].

ثانياً: مراحل الانترنت

وقد مرت الانترنت في تطورها بأربعة مراحل هي [2]:

أ.   المرحلة الأولى 1961 مجموعة شبكات متداخلة لربط الوحدات العسكرية وضمان استمرارية الاتصال بينها بأكثر من طريقة. فكانت شبكة الانترنت آنذاك ذات أهداف عسكرية.

ب. المرحلة الثانية 1972 مجموعة شبكات متداخلة لربط الجامعات والمراكز البحثية فيما بينها. بعد أن تخلت عنها وزارة الدفاع الأمريكية لصالح الجامعات. وأصبحت ذات هدف علمي.

ج. المرحلة الثالثة 1984 تبني الشركات لهذه الشبكة بهدف تقديم الخدمات وعرض السلع التجارية والدعاية والإعلان، بحيث تحول الهدف من توسعة هذه الشبكة على نطاق عالمي إلى هدف تجاري بحت.

د. المرحلة الرابعة 1992 وهي اعتماد الشبكة العالمية الانترنت من قبل معظم دول العالم كوسيلة مثلى لبناء مراكز المعلومات وربط شبكات الحاسوب واعتمادها وسيلة لبناء الحكومات الالكترونية والتجارة الالكترونية العالمية بحيث تحول الانترنت إلى شبكة عالمية هي الأضخم وذات أهداف وغايات متعددة.

1- زياد القاضي (وآخرون)، مقدمة إلى الانترنت، ط1، عمان: دار صفاء للنشر والتوزيع، 2000، ص18.

2- د. فراس محمد العزة، فادي محمد غنمة، إبراهيم أبو ذياب، المهارات العملية في الانترنت الشبكة العالمية، عمان: دار عالم الثقافة للنشر والتوزيع،2004، ص9.

ثالثاً: خدمات الانترنت

هناك عدة خدمات تقدمها شبكة الانترنت منها [1]:

أ. خدمة الوايس WIDE AERA INFORMATION SERVIES (WAISE)

ب. خدمة غوفر (GOPHER)

ج. خدمة البروتوكول File Transfer Protocol (FTP)

د. خدمة البريد الالكتروني E-MAIL

ه. خدمة تلنت (Telnet)

و. خدمة الشبكة العنكبوتية العالمية (الشبكة النسيجية) WWW

1- انظر المبحث الأول من الفصل الثاني في هذا الكتاب.

المطلب الثاني: متطلبات الانترنت وإيجابياته وسلبياته

أولاً: متطلبات الانترنت

هناك عدة متطلبات يحتاجها الربط مع الانترنت هي [1]:

أ. جهاز حاسوب

ب. مودم: وهو عبارة عن قطعة يتم تركيبها داخل جهاز الحاسوب ، الهدف منها تحويل البيانات الرقمية الصادرة من الحاسوب إلى إشارات يمكن نقلها عبر التلفون والعكس، أي تحويل الإشارات القادمة من خط الهاتف إلى بيانات رقمية.

ج. خط هاتف.

د. متصفح الانترنت Browser: هو عبارة عن برنامج نستطيع من خلاله التعامل مع صفحات الانترنت مثل Internet Explorer.

ه. Internet Service Provider (ISP) : وهو عبارة عن مزود خدمة الانترنت، أي الشركة التي تسمح لك باستخدام الانترنت.

ثانياً: ايجابيات وسلبيات الانترنت

يتمتع الانترنت بالعديد من الفوائد والمميزات، ولكنه لا يخلو من بعض السلبيات والمساوئ، حيث أن الفوائد طغت على المساوئ وجعلت الاهتمام بالانترنت يزداد شيئاً فشيئاً. ويمكن إيجاز الايجابيات والسلبيات بالآتي:

1- سمير لافي (وآخرون)، مرجع سابق، ص270.

أولاً. الايجابيات:

للانترنت ايجابيات كثيرة لا تعد ولا تحصى فهي تفيد الباحثين والقراء في الحصول على المعلومات التي يبحثون عنها. كما أنها تفيد المؤسسات على اختلاف تخصصاتها سواء كانت رسمية أو غير رسمية، ويمكن إيجازها بالآتي[1]:

أ.الانترنت قمة التطور التكنولوجي المعاصر

أصبح الانترنت قمة التطور لمختلف أنواع الاختراعات والتكنولوجيات. حيث أصبح الإنسان في الوقت الحالي يستخدم جهاز الحاسوب الشخصي كأداة للبحث الآلي المباشر وكذلك البحث بالأقراص المكتنزة والوسائط المتعددة بالاتصال عن بعد وإرسال واستلام الرسائل والوثائق عن بعد (الفاكسملي)، وكذلك خدمات أنظمة بنوك الاتصال المتلفزة (الفيديوتكست)، واستخدام تسهيلات الشبكة للاتصالات الهاتفية، والبث التسجيلي الفيديوي، والبث التلفزيوني المباشر.

ب. الطب عن بعد

تقدم الانترنت تسهيلات وخدمات كثيرة في التعاون الطبي وإنقاذ أرواح الألآف من البشر في مختلف أرجاء العالم. حيث يمكن أن يقوم طبيب جراح مبتدئ القيام بعمليات جراحية متقدمة بإشراف طبيب متخصص وعالي المهارة

1- د. عامر قنديلجي و إيمان السامرائي، قواعد وشبكات المعلومات المحوسبة في المكتبات ومراكز المعلومات، ط1، عمان: دار الفكر للطباعة والنشر والتوزيع ،2000 ، ص298-303. و د. عبد الفتاح مراد، كيف تستخدم شبكة الانترنت في البحث العلمي وإعداد الرسائل والأبحاث والمؤلفات، الإسكندرية: المؤلف، ص11. و شادي محمود حسن القاسم، دور النشر الالكتروني في المكتبات ومراكز المعلومات (الانترنت- المعلومات)، عمان: دار ضياء للنشر والتوزيع ، 2007، ص170.

عن بعد. إضافة إلى إجراء التحليلات المختبرية عن بعد، وغيرها مـن التسـهيلات الطبيـة الكثيـرة التي تقدمها شبكة الانترنت.

ج. وحدة اللغة والمصطلحات بين الأعضاء في الاتحاد العالمي للانترنت

سوف يؤدي انتشار شبكة الانترنت، وزيادة أعضائها إلى انتشـار اللغـة التـي تسـتخدمها الشبكة ومصطلحاتها.

د. التعليم عن بعد

يمكن التعاون في مجال الإشراف على الرسائل الجامعية، وإلقاء المحاضرات، والمشـاركة في كتابة البحوث، والتحضير إلى المؤتمرات والندوات والأنشطة العلمية والثقافية الأخرى، والمشاركة فيها والتحاور مع المشاركين الآخرين. كل ذلك يتم عن بعد، كل في موقعه وبلده.

ه. المساعدة في محو الأمية التكنولوجية

تستطيع شبكة الانترنت نشر ـ الـوعي المعلومـاتي وكسر ـ حـواجز مـا يسـمى بالأميـة التكنولوجية، والتي تعتبر عائق كبير تقف في وجه الملايين من الناس الذين يحتاجون إلى استثمار خدمات وتطبيقات هذه الشبكة وما يرتبط بها من تكنولوجيات.

ح. التقارب والتفاهم العالمي

فالانترنت جعلت العالم قرية صغيرة، ينظر إليها من خـلال شاشـة الحاسـوب لأنهـا تمثـل اختراقاً طبيعياً للحدود الجغرافية والسياسية للدول. لذا يمكن استثمار هذا التقارب بين شعوب العالم، والتفاهم بين الأمم والشعوب.

ط. تأمين الاتصال الفوري المتزامن

تؤمن شبكة الانترنت اتصال إلى ومباشر، بالنصوص والأصوات والصور

الثابتة والمتحركة، عن طريق حواسيب في مواقع وشبكات مختلفة وبتكلفة مالية أقل من الطرق والوسائل الأخرى المعروفة مثل الفاكسملي والاتصالات الهاتفية وغيرها.

ي. زيادة التجارة الالكترونية بين دول العالم

سوف يؤدي انتشار شبكة الانترنت إلى زيادة حجم التجارة الالكترونية على شبكة الانترنت.

ك. الانترنت كمكتبة الكترونية متعددة ومتطورة الخدمات

تقدم شبكة الانترنت العديد من الخدمات والمعلومات والمواد التي تعجز عن تقديمها أكبر مكتبات العالم العامة والجامعية والوطنية لمختلف شرائح المجتمع وجميع أفراد الأسرة. فهناك موقع على الشبكة يزود القراء والمستخدمين بخدمة تصفح وقراءة أكثر من (1900) مجلة ودورية، بالإضافة إلى عدد كبير من الصحف التي تصدر في دول العالم وبمختلف اللغات. أما بالنسبة لقراء الكتب فهناك الآلاف من عناوين الكتب الالكترونية بامكان مستخدمي الشبكة الوصول إليها من خلال اسم المؤلف أو العنوان أو الموضوع وغيرها من نقاط الوصول إلى الكتب المطلوبة.

ل. زيادة وسائل الترفيه والترويح

تضم شبكة الانترنت عدداً كبيراً من مواقع الترفيه والترويح والألعاب لشغل وقت الفراغ.

م. الوصول إلى كافة الوثائق والمعلومات المطلوبة

فشبكة الانترنت تحدد وبشكل كفء الوثائق أو الملفات المطلوبة والحصول عليها عن طريق تقنية النص المتشعب أو المترابط، حيث يستطيع

المستخدم بواسطة روابط تشعبية ذات طبيعة دلالية من الوصول إلى الوثائق والمعلومات المطلوبة والموجودة في مختلف المجاميع والمناطق.

ن. توفر البرمجيات والبروتوكولات

توفر شبكة الانترنت مختلف أنواع البرمجيات والبروتوكولات، وهي سهلة الاستخدام من قبل الأفراد الذين لا يحتاجون إلى مهارات حاسوبية. كما توفر العديد من الأدلة الإرشادية المطبوعة المساعدة والتعليمات التفصيلية عن استخدام الشبكة وتسهيلاتها وباللغات المختلفة ومنها اللغة االعربية.

س. ممارسة العمل عن بعد

فمثلاً يستطيع المهندس المعماري أن يقوم بإرسال تصاميمه الهندسية للشركة التي يعمل بها عن طريق شبكة الانترنت وهو في منزله.

ع. توفر أدوات ومستلزمات الارتباط المادية والفنية

لقد أصبحت أدوات ومستلزمات الربط والارتباط المادية والفنية بالشبكة يسيرة ومتوفرة، كالحاسبات والمحولات (المودم) السريعة بمختلف أنواعها وملحقاتها المطلوبة في الأسواق المحلية والعربية، وبتكاليف مادية ليست مرتفعة.

ف. إمكانية استثمارها من قبل كافة شرائح المجتمع

لا تقتصر خدمات وتطبيقات شبكة الانترنت على شريحة واحدة من شرائح المجتمع، بل جميعها تقريباً، حيث يستخدمها طلبة الجامعات وأساتذتها وطلبة المدارس والفنيون والباحثون والإداريين والأطباء والمهندسون وغيرهم.

ص. الاستماع إلى الراديو والموسيقى ومشاهدة الأفلام حسب الطلب.

ق. الحوار مع الآخرين حول موضوع أو قضية بحثية عن طريق ما يسمى بمجاميع النقاش.

ثانياً: السلبيات:

بالرغم من الفوائد والمميزات التي تتمتع بها شبكة الانترنت، إلا أنها لا تخلو من بعض السلبيات والمساوئ، ويمكن إيجازها بالتالي [1]:

أ. انتشار ظاهرة إدمان الانترنت

حيث أكد بعض علماء النفس على انتشار الأمراض النفسية والعصبية نتيجة لاستخدام التكنولوجيا وعلى رأسها الانترنت، فأن الانترنت قد يتحول إلى إدمان في حالة الإكثار من استخدامه دون وعي.

ب. تجاوز حقوق النشر

تعد حقوق الطبع والنشر ـ للإنتاج الفكري من الأمور المهمة والحساسة للمؤلفين والناشرين، والتي يترتب عليها أمور قانونية ومالية. وهذه مشكلة مثيرة للجدل للوثائق والمعلومات المتوفرة على شبكة الانترنت، وخاصةً الوثائق والمطبوعات الالكترونية المستنسخة من قبل بعض المواقع، وكذلك برمجيات الحاسوب المختلفة المتوفرة على شبكة الانترنت.

1- د. محمد بن صالح الخليفي، الانترنت للمكتبات ومراكز المعلومات السعودية، ط1، الرياض: دار عالم الكتب، 2000، ص42-43. و د. عامر قنديلجي و د.إيمان السامرائي، قواعد وشبكات المعلومات المحوسبة في المكتبات ومراكز المعلومات، مرجع سابق، ص303-306. و د. عبد الفتاح مراد، كيف تستخدم شبكة الانترنت في البحث العلمي وأعداد الرسائل والأبحاث والمؤلفات، مرجع سابق ، ص12-13.

ج. التأخير أو الانقطاع في الاتصال

أن هناك أوقاتاً معينة خلال اليوم يصعب فيها الحصول على اتصال عن بعد لكثرة أعداد المستخدمين في تلك الفترة التي تسمى بفترة الذروة، وهذا يستدعي الانتظار الذي قد يصل إلى النصف الساعة أحياناً، وفي هذه الحالة ينزعج المستخدم لطول الانتظار ويغلق الحاسب الآلي ولا يعاود الاتصال مرة أخرى.

د. يواجه الكثير من المستخدمين مشكلة في فهم بعض من برمجيات الانترنت

وهذا يستدعي الانضمام إلى دورات متخصصة، وإنفاق الساعات الكثيرة في التطبيق.

هـ. شبكة الانترنت تقلل مشاهدة التلفزيون وقراءة الصحف لدى الشباب

أشارت الدراسة التي أجرتها الدكتورة نجوى عبد السلام على أن هناك علاقة معنوية بين مستوى التعليم واستخدام الانترنت بدافع التسلية والترفيه، فكلما زاد المستوى التعليمي قل استخدام الانترنت للتسلية والترفيه. وأن هناك علاقة مؤكدة بين مستوى التعليم واستخدام الانترنت بدافع تكوين الصداقات، فكلما زاد المستوى التعليمي قل استخدام الانترنت في تكوين الصداقات.

و. تأثير الانترنت على النشاط العقلي للإنسان

يعتقد البعض بأن الوصول إلى المعلومات والمعارف أصبح سهلاً عن طريق الانترنت والحاسبات الالكترونية المتطورة، وبشكل لا يحتاج إلى جهد عقلي أو إبداع. لذا يعتقد هؤلاء أن ذلك يدعو إلى تهميش دور الجهد العقلي للإنسان وبالتالي قدراته الإبداعية الخلاقة في التحليل والتفكير.

ز. المشاكل والمعاكسات الأخلاقية

تتضمن شبكة الانترنت عدد هائل من الصور أو الروايات الجنسية الخليعة. كما أن هناك معلومات تعطي لبعض المستخدمين عن عناوين بيوت الدعارة في العديد من دول العالم. والأكثر من ذلك وجود أحاديث هاتفية منافية للأخلاق والأعراف تؤديها بعض الفتيات المدربات من خلال بعض المؤسسات المشتركة في الشبكة. وقد وضعت العديد من الدول ومنها العربية على وضع ضوابط وتعليمات تؤمن حماية مستخدمي الشبكة في هذا النوع من الخدمات وتجنب تأثيراتها الأخلاقية والاجتماعية والسلبية.

ح. الغزو الفكري

تساعد الانترنت على بث الكثير من المواد التي تساعد على الغزو الفكري، وبخاصة فيما يتعلق بمساعدة المبشرين في إيصال رسالتهم إلى الأقطار العربية والإسلامية. مما ينتج عنه من تهديد للثقافة العربية والتراث العربي الإسلامي.

ط. انتشار جرائم الانترنت

أدى الانترنت إلى ظهور نوعية جديدة من الجرائم التي ترتكب باستعمال الشبكة. فمثلاً هناك كتاب بالإنجليزية عنوانه (إرشاد الإرهابيين) موجود نصه على شبكة الانترنت تم الربط بين معلوماته وبين حادثة تفجير المبنى الحكومي في ولاية اوكلوهاما من قبل أحد أعضاء الكونغرس المعروفين.

ي. سرية المعلومات في شبكة الانترنت غير آمنة

فالرسائل مثلاً معرضة للقراءة من قبل الآخرين، لذا فالانترنت لا توفر بيئة آمنة تماماً للمؤسسات والمستخدمين.

ك. تهريب أموال عصابات المخدرات

تستخدم شبكة الانترنت كأداة لتهريب الأموال المجمعة مـن تجـارة المخـدرات، والتـي يطلق عليها اسم الأموال القذرة. ويشير تقريـر أعدتـه منظمـة الأمـم المتحـدة وصندوق النقد الدولي أن (28.5) مليار دولار من الأمـوال القـذرة تهـرب سـنوياً إلكترونيـاً عـبر شبكة الانترنت، لتخـترق وتـورط (67) دولـة مـن بينهـا الولايـات المتحـدة الأمريكيـة وبعض الأقطـار العربيـة والإسلامية، وقد تعرضت هذه الدول إلى انتقادات حادة من قبل الهيئة الدولية لمكافحة الجرائم الاقتصادية.

ل. المشاكل والمحاذير المالية والتجارية

يعتقد الكثير من المستخدمين أن التعامل التجاري والمالي عـبر شـبكة الانترنـت في موقـف محرج، لعدد من الأسباب أهمهـا عـدم كفايـة الأمـان والحمايـة للحقـوق وضعف التشريعات القانونية في هذا الجانب.

فقد يوظف بعض اللصوص من ذوي القدرات المعلوماتية العالية، معلومات انترنت نحـو ابتزاز أو إفساد متعمد لأنظمة معلومـات الغـير في المواقع المختلفـة، أو الحصول عـلى بضـائع وأموال وخدمات من دون دفع ثمنها.

المطلب الثالث: مجالات استخدام الانترنت في المكتبات
ومراكز المعلومات

لقد سهل الانترنت على المكتبات ومراكز المعلومـات تقـديم خـدماتها بأسـلوب الكـتروني
والاستغناء عن الخدمات التقليدية.فالانترنت يمكنه تقديم الكثير مـن الخـدمات للمكتبـات مـن
أهمها [1]:

أ.   تعزيز الاتصال مع مرافق المعلومات المختلفة بوسائل سريعة ومضمونة.

ب. دعم مصادر المعلومات المتوافرة بالمكتبة بصورها التقليدية وغير التقليدية.

ج.   تعزيز عمليات بناء وتنمية موارد المكتبة.

د.   تعزيز خدمات الإعارة بين المكتبات عن طريق الإعارة المتبادلة.

ه.   دعم خدمات المعلومات العامة والخدمة المرجعية خاصة مثل البث الانتقائي للمعلومات
      وتصفح الموسوعات.

و.   تقوية اتصال المكتبة بالمجتمع من خلال البريد الالكتروني.

ز.   توزيع المطبوعات الالكترونية والاشتراك فيها عن بعد.

ح.   الحصول على النص الكامل للوثائق الذي يعد الشغل الشاغل للباحثين والمستفيدين.

ط.   تسويق المكتبات وخدماتها.

ي. التسويق للأغراض الشراء والإطلاع والبحث.

1- طارق عباس، النشر الالكتروني عبر الانترنت، مكتبات نت، مج3، ع1-2، يناير وفبراير 2002، ص30.

ك.   فهرسة وتصنيف المواد وذلك بالإطلاع على فهارس المكتبات وغيرها وتصحيح بياناتها مـما يوفر الجهد والمال في تحقيق الإعارة الالكترونية بين المكتبات.

المطلب الرابع: الانترنت والنشر الالكتروني

أولاً: الانترنت والتواصل البحثي بين العلماء

يعتبر نموذج التحسيب بين المستفيد والقائم بالخدمة (Client-Server Model Computing) هو أساس معظم أنشطة الانترنت الرئيسية بما في ذلك البريد الالكتروني والتلنت (Telnet) وبروتوكول نقل الملفات FTP والجوفر Gopher والشبكة العنكبوتية العالمية WWW وغيرها من التطبيقات.

ذلك لأنه عن طريق تكنولوجيا القائم بالخدمة- المستفيد توجد صيغ جديدة في النشر الالكتروني وبحث المعلومات البحثية والتطبيقات بالمكتبات المختلفة ، وقد أصبحت شبكة الانترنت ذات أهمية بالغة بالنسبة للتواصل البحثي العلمي بين علماء العالم ، كما أصبحت كذلك موضع دراسات بالنسبة لمستقبل الصحف في عصر التوصيل الالكتروني .

أما بالنسبة لتأثيراتها على حقوق التأليف في الشبكات الالكترونية فخدمات الوصول الالكتروني إلى المنازل على الخط المباشر أصبحت حقيقة واقعه ، وبالنسبة لحقوق التأليف أن التكنولوجيا الجديدة والتي يتم تطويرها في الوقت الحاضر ستحطم حقوق التأليف .

ثانياً: الانترنت والتلفزيون الكوني

يمكن أن نتوقع في المستقبل ربط التلفزيون بالحاسبات الآلية عبر الكيبل (Cabel) لإنشاء ما يسمى بالطريق المعلوماتي السريع ولعل الانترنت تعكس هذا التطور ذلك أن شبكة الانترنت هي بنية أساسية اتصالية لنهايات طرفية محسنة مترابطة بطريقة لامركزية . لقد كانت الانترنت تقليدياً متاحة للمستفيدين منها، ولكن الإتاحة المفتوحة قد بدأت تتغير، وذلك لأن هناك

العديد من الشركات المتعددة الجنسية قد فرضت اشتراكاًت لمواقع الشبكة وخدمتها. وتعتبر شركات ميكروسوفت واحدة من هذه المشروعات التي وضعت برامج ويندوز Soft Package Windows وهي عندما تربط ملايين الحواسيب فهي تضع وتتحكم في شبكة الانترنت الخاصة بها. وعلى كل حال فالتلفزيون التفاعلي يمكن أن يكون النهاية الطرفية المرئية التي تغطي مدى واسعاً من الخدمات، وبمناسبة ما تخطط له ميكروسوفت فهي تعد للقيام بخدمات أخبار بواسطة الوسائل المتعددة بواسطة شبكة الانترنت. حيث أعلنت في عام 1995 عن اتفاق أخبار NBC لمدة 24 ساعة لتشغيل قناة أخبار كيبلية وخدمة أنباء تفاعلية على الانترنت [1].

1- د. أحمد أنور بدر، الاتصال العلمي، مرجع سابق، ص157-159.

الفصل الثالث

الدوريات الالكترونية

المطلب الأول: تعريف الدوريات الالكترونية

المطلب الثاني: عناصر الدوريات الالكترونية

المطلب الثالث: مميزات وعيوب الدوريات الإلكترونية

المطلب الأول: تطور الدوريات الالكترونية

المطلب الثاني: معايير اختيار الدوريات الالكترونية

المطلب الثالث: أسس اختيار الدوريات الإلكترونية

نماذج من مشاريع الدوريات الالكترونية

الفصل الثالث

الدوريات الالكترونية

تعتبر الدوريات الالكترونية من مصادر المعلومات التي لا يمكن لأي مكتبة أو مركز معلومات أن يستغني عنها، لما لها من دور في خدمة الباحثين في الحصول على المعلومات التي يحتاجونها. ومع الانفجار الكبير للمعلومات وتضخم الإنتاج الفكري من مقالات الدوريات، أصبحت المكتبات ومراكز المعلومات تجد صعوبة بالغة في الاشتراك بكل الدوريات التي تصدر في العالم، حيث إنها تكلف المكتبات مبالغ باهضة، ناهيك عن المساحات التي تخصص لتخزين أعداد الدوريات القديمة، وكذلك الرفوف المخصصة لعرض الأعداد الجارية. مما جعل المهتمين بالمكتبات ومراكز المعلومات والناشرين بالبحث عن وسائل جديدة لحل هذه المشاكل، حيث استفادوا من التطورات التكنولوجية والالكترونية وخاصة الحاسبات الآلية، وبدأو باستخدام شبكة الانترنت ،والأقراص الليزرية المدمجة CD-ROM ،والوسائط المتعددة Multimedia في نشر مقالات الدوريات عليها،وقد عرفت هذه باسم الدوريات الالكترونية، مما وفرت الوقت والجهد على الباحثين في الحصول على المعلومات، وكذلك وفرت على المكتبات ومراكز المعلومات الكثير من التكاليف المالية والمساحات المخصصة لتخزين وعرض الأعداد القديمة والجارية. وفي هذا الفصل سوف نناقش الدوريات الالكترونية في ثلاثة مباحث يتضمن المبحث الأول: تعريف الدوريات الالكترونية وعناصرها ومزاياها وعيوبها، والمبحث الثاني : تطور الدوريات الالكترونية ومعايير ومصادر وأدوات اختيارها، والمبحث الثالث : نماذج من مشاريع الدوريات الالكترونية.

المبحث الأول

تعريـــف الدوريـــات الالكترونيـــة

وعناصرها ومزاياها وعيوبها

قبل التعمق في الدوريات الالكترونيـة لا بـد مـن بيان مفهـوم الـدوريات الالكترونيـة وتحديـد عناصرها وتوضيح مزاياها وعيوبها وهذا ما تناولناه في هذا المبحـث حيـث قسـمناه إلى ثلاثـة مطالـب تضمن المطلب الأول تعريف الـدوريات الالكترونيـة، والمطلب الثاني عنـاصر الـدوريات الالكترونيـة، والمطلب الثالث مميزات وعيوب الدوريات الالكترونية.

المطلب الأول: تعريف الدوريات الالكترونية .

الدوريات الالكترونية هي مرصد بيانات تم كتابته ومراجعته وتحريره وتوزيعه إلكترونياً، وتعتبر من مصادر المعلومات التي لا يوجد لها نسخة ورقيـة. حيـث يـتم إدخـال بيانـات المقـالات وتقييمهـا وتشـذيبها وقراءتهـا إلكترونيـاً عـبر طرفيـات الحواسـب، وتمثـل تطـور ونتـاج المـؤتمرات عـن بعـد (Teleconferences) [1] .

---

1 - د. مجبل لازم المالكي، المكتبات الرقمية، ط1، عمان: مؤسسة الوراق للنشر والتوزيع، 2005، ص145.

وتصدر الدوريات الإلكترونية في صورتين هما:

1. دوريات مطبوعة وتصدر بشكل موازي مع النشر الالكتروني.

2. دوريات إلكترونية فقط ، وهـي لا تحتـاج إلى نـاشر بـل إلى محـرر وربمـا هيئـة علميـة إذا كانـت الدورية علمية محكمة.

ومن أشكال الدوريات الإلكترونية:

1. عناوين النص الكامل Full text Titles

وتحتوي على جميع المقالات المنشورة في الأعداد السابقة والحديثة بحيث يحتوي كل عدد على المقالات المنشورة به مع مقدمة المؤلف ومراجعات كتب وردود قصيرة وبعض المواد الملحقة. وتعامـل المقالات في هذه الدوريات كملفات مستقلة، وتوزع بطريقة توحي بان الدورية أو العدد مـن الدوريـة يعامل كملف. وينقسم الاشتراك فيها إلى ثلاثة أقسام:

أ.   عناوين تتوافر على الإنترنت بالمجان ولا تحتاج إلى اشتراك.

ب. عناوين تصدر في الشكل الإلكتروني بالإضافة إلى النسخة الورقية ويكون الاشتراك الإلكتروني مصاحبا للاشتراك الورقي، أي في حالة الاشتراك في النسخة الورقية يكون الاشتراك في النسخة الإلكترونية بالمجـان فـان الإصـدار الآلـي يعطـي بالمجان. كـما يمكـن الاشـتراك في النسـخة الإلكترونية منفردة.

ج. عناوين تصدر بالشكل الورقي والإلكتروني ويكون لكل إصدار اشتراك منفصل.

2. عناوين المختصرات Abstracts Titles

مستخلصات المقالات والبحوث المنشورة بالأعداد المطبوعة ولها قيمتها من حيث كونها أشـعار بالأعداد الجديدة ومرجع يؤدي إلى مستخلصات الأعداد القديمة. وهـذه لا تتطلب اشـتراكا للبحـث في مستخلصات الأبحاث بل تتوفر بالمجان ويمكن طلب البحوث كاملة من الناشر مباشرة لقاء مبلغ محدد
(1)

1 - سيف بن عبد الله الجابري، الـدوريات الإلكترونيـة ودورهـا في خدمـة البحـث العلمـي بالمكتبـة الرئيسية بجامعـة السلطان قابوس - موقع الكتروني- http://www.cybrarians.info/journal/no5/ejournals.htm

المطلب الثاني: عناصر الدوريات الالكترونية

تعتمد الدوريات الالكترونية على عدد من العناصر نجملها بالآتي[1]:

1. عندما يقوم المؤلف بكتابة بحثه يجب عليه أن يقوم بإعداد هـذا البحـث باسـتخدام أحـد المنافذ المرتبطة بالحاسوب أو مضاف عبر إحدى شبكات الاتصال، ومـن الممكـن أن يكـون المنفذ مجرد آلة طباعة عن بعد، أو وحـدة للعـرض البصري مـزودة بطابعـة، أو حاسـوب صغير يستخدم في تجهيز النصوص ومزود بآلة طابعة.

2. بعد انتهاء المؤلف من إعداد بحثه عليـه إعـلام زملائـه العـاملين في نفـس المجـال بوجـود البحث ودعوتهم إلى إبداء رأيهم به، ويمكنهم الحصول عليه باستدعائه على المنافذ الخاصة بهم، وتسجيل ما لديهم من ملاحظات ومقترحات على الخط المباشر.

3. بعد مراجعة البحث في ضوء ما تلقاه من مقترحات وملاحظات يمكن للمؤلف تحويله عـبر شبكة الاتصالات إلى النظام الالكتروني المضاف وبالوقت نفسه يمكنـه إعـلام رئـيس تحريـر الدورية لتقديم البحث، وهنا يمكن اختزان البحث في ملف خاص في النظام الالكتروني.

4. بعد فحص البحث من قبل رئيس التحرير عليه تحديد لجنة التحكيم والاحتفاظ بأسمائهم وتخصصاتهم واهتماماتهم الموضوعية في دليل متاح على الخط المباشر.

1 - د. مجبل لازم المالكي، النشر الإلكتروني للدوريات، مجلة العربية 3000، ع3 - 4، 2002، موقع إلكتروني، http://www.arabcin.net/arabiaall/3.4-2002/19.html.

5. بعد مراجعة البحث من قبل المحكمين عليهم تحويل ملاحظاتهم عبر شبكة الاتصالات عن طريق رئيس التحرير إلى المؤلف، وبعد إجراء المؤلف التعديلات اللازمة اتخاذ قرار قبول البحث أو رفضه من قبل رئيس التحرير.

6. بعد قبول نشر البحث أن يقوم بتحويله في شكله النهائي من الملف الخاص إلى ملف عام أو أرشيفي متاح للمشتركين في الدورية.

7. إعلام المشتركين في الدورية بوجود البحث وكل البحوث الجديدة التي نشرت في مجال الاهتمام.

المطلب الثالث: مميزات وعيوب الدوريات الالكترونية.

سوف نبحث ابتداءً مميزات الدوريات الالكترونية ثم عيوبها .

أولاً: مميزات الدوريات الالكترونية

للدوريات الالكترونية الكثير من المميزات والفوائد التي جعلتها تتفوق على الـدوريات الورقية، ومن الممكن إجمال هذه المميزات والفوائد بالآتي [1]:

1. الاقتصاد الهائل في أماكن الحفظ والتخزين: ساهمت الـدوريات الالكترونيـة في حـل مشكلة تخزين الأعداد القديمة Back Issues ، فاختصرت الكثير من الأماكن والمساحات المخصصة لعرض الأعداد الجارية Current ،فالدوريات موجودة عبر شاشة الحواسيب.

2. الاقتصاد في النفقات: ساهمت الدوريات الالكترونيـة في الاقتصاد في النفقـات المالية والمادية، وتمثـل هـذا الاقتصـاد في نفقـات التجليـد والترميم والصيانة والفهرسـة والفهارس، وفي أجور بعض الموظفين غير الفنيين، وكـذلك التـوفير في نفقـات التأثيـث وشراء العارضات ورفوف حفظ الأعداد القديمة.

3. التخلص من مشكلة سرقة الأعداد وتشويه الصفحات والتخزين.

4. ساعدت على التخلص مـن مشكلة تتبـع المقـالات المطلوبة وتوفيرهـا للمستفيدين بالوقت المناسب، ومشكلة وصول الأعداد وتأخرها

---

1 - انظر د.عامر إبراهيم قنديلجي ؛ إيمان فاضل السامرائي، الدوريات الالكترونية: ماهيتها، وجودها، ومستقبلها ، مجلـة العربية 3000، س6، ع1، مارس 2006 – موقع الكتروني- http://www.arabcin.net/arabiaall/1-2006/3.html. و د. مجبل لازم المالكي، المكتبات الرقمية، مرجع سابق، ص148.

وفقدانها، فلم يعد هناك حاجة إلى التبادل التعاوني والانتظار لأيـام أو أسـابيع مـن أجـل الحصول على العدد المطلوب من المجلة.

5. إتاحة إمكانية البحث عن الدوريات المتوافرة على الانترنت في محتوياتها في الوقت نفسه لعدد من المستفيدين، في حـين انـه لا يسـتخدم الـدوريات الورقيـة إلا شخص واحد في الوقت نفسـه، كـما يمكـن البحـث في قواعـد بيانـات الـدوريات واسـترجاع المخرجات بسرعة كبيرة.

6. ساعدت الدوريات الالكترونية بأن يصبح المؤلف حراً في كتابة بحثـه أو مقالتـه، فلـم يعد للمجلة دوراً في تحديد طول البحث أو المقالة، وفي هذه الحالة نجد إن الفائـدة للكاتب أو المؤلف أكثر من المكتبة والقارئ.

ثانياً: عيوب الدوريات الالكترونية

بالرغم من الفوائد والمميزات الكثيرة للـدوريات الالكترونيـة إلا انـه يوجـد بعـض العيـوب والمآخذ التي تؤخذ عليها، ويمكننا أن نجملها بالآتي[1]:

1. قلة عدد قراء المجلة الالكترونية، وذلك بسبب عدم توفر الأجهزة الكافية للبحث، وعدم توفر الخبرة في استخدام الحواسيب.

---

1 - انظر هاني جبر، الدوريات الالكترونية وقواعد البيانات المحوسبة: الخدمات الالكترونية في جامعة النجـاح.- مكتبـات نت، مج6، ع1 (يناير، فبراير، مارس) 2005،ص6 . و د. عامر إبراهيم قنديلجي ؛ إيمان فاضل السـامرائي، الـدوريات الالكترونية : ماهيتها، وجودها، ومستقبلها ، مرجع سابق.

2. مرهقة للبصر، كما إنها تسبب الآلام في الظهر ، عدا إنها تسبب الملــل والتعــب، وذلـك بسبب الجلوس أمام أجهزة الحاسوب لفترات طويلة.

3. بعد انتهاء الاشتراك السنوي يفقد الباحث النصوص الكاملة للأبحاث، بعكـس الاشـتراك الورقي الذي يتراكم على الرفوف مع انقطاع خدمة الخط المباشر ON LINE .

4. تكاليف الاشتراك بها مرتفعة عادةً.

5. الصعوبة في الاستشهادات المرجعية للدورية الالكترونية.

6. لا يمكن التأشير والتعليق والكتابة إلا بعد الحصول على نسخة ورقية.

7. الدوريات الالكترونية تفتقر إلى المعايير والمقاييس للتعامل معها. فقراءة بعض المجـلات تحتاج إلى استخدام أنواع مختلفة من البرمجيات مثل Adobe Acrobat ، مما يتطلب مـن المكتبات امتلاك وتخزين أكثر من برمجية، وهذه تشكل عبئاً مالياً وتكنولوجياً.

المبحث الثاني

تطور الدوريات الالكترونية

ومعايير ومصادر وأدوات اختيارها

سوف يتضمن هذا المبحث تطور الدوريات الالكترونية وذلك ببيان الأسباب التي أدت إلى ظهور الدوريات الالكترونية ثم بيان المراحل التي مـرت بهـا الدوريـة الالكترونيـة ثم سنوضح في المطلب الثاني معايير اختيار الـدوريات الالكترونيـة وفي المطلب الثالـث أسـس اختيار الـدوريات الإلكترونية ويتضمن المطلب الرابع مصادر وأدوات اختيار الدوريات الالكترونية.

المطلب الأول: تطور الدوريات الالكترونية

لقد مرت الدوريات الالكترونية في عدة تطورات، ويمكن أن إجمالها بالآتي [1]:

أولاً: الأسباب التي أدت إلى ظهور الدوريات الالكترونية:

أ. ارتفاع تكاليف الطباعة والنشر.

---

1 - د. كمال بوكزازة، الدوريات الالكترونية العلمية بالمكتبات الجامعية وأثرهـا عـلى الـدوريات الورقيـة، ع10 (سبتمبر) 2006، موقع الكتروني

http://www.cybrarians.info/journal/no10/ejournals.htm.

ب. الزيادة الهائلة في عدد الدوريات، جعل مهمة اشتراك المكتبات فيها شبه مستحيلة.

ج. الفترة الزمنية الطويلة بين تقديم المقال ونشره في المجلة.

د. معظم الدوريات تنشر عدداً من المقالات في العدد الواحد، والقـارئ لا يهـتم إلا بمقـال أو مقـالين ذات العلاقة بمجال اهتمامه، لذلك فهو يدفع قيمة إضافية لباقي المقالات.

ه. محدودية الدوريات ذات المستويات العلمية الجيـدة، تجعلهـا تفـرض العـدد مـن المقـالات التـي تقدمها.

و. محدودية مساحات التخزين لدى المكتبات، مما لا يسمح لها باستيعاب عدد هائل من الدوريات.

ز. ظهور النشر الالكتروني الذي أوجد حلولاً للمشاكل والإتاحة وغيرها.

ثانياً: المراحل التي مرت بها الدورية الالكترونية:

أ. خطوة EIES والنظام الالكتروني Electronic Information Exchange System ، ظهـر في الولايـات المتحـدة بـين 1978 و 1980 وكان النظام الالكتروني يحتـوي عـلى مقـالات، بريـد، ومجلـة يـديرها نـاشر وملـف للملاحظات.

ب. قفزة BLEND نحو التفاعلية Birmingham and Loughborough Network Development Project . كان في بريطانيا بين 1980 و 1984 ، والهدف منه استغلال وتقييم مختلف طرق الاتصـالات العلميـة عـن طريق دورية الكترونية موزعة عبر شبكة، وكان أهم جانب ايجـابي هـو التفاعليـة التـي اتيحـت للقارئ عن طريق تعليقاته حول المحتويـات ومحاوراتـه مـع المؤلـف. لكـن تكنولوجيـات ذلـك الوقت لم تسمح بتطوير هذه العملية بنحو أفضل.

ج. ملاحة QUARTET بين الروابط التشعبية: كان في بريطانيا حيث أنشئت الدورية التشعبية المسماة Hyper BIT (Behavior and Information Technology) ، حيث كانت الروابط التشعبية تسمح بالملاحة بين الإحالات المرجعية.

د. الناشر العلمي الأول ADONIS والمسح الضوئي: بدأ هذا المشروع عام 1980 بالتعاون بين عدة ناشرين لاختيار سوق للنشر الالكتروني، حيث تم تخزين الدوريات باستخدام الماسحات الضوئية Scanning . وكان الهدف من الإتاحة الالكترونية وتكسير سلطة التجاريين.

هـ. مشروع EMP بين مواصفة (SGML) وابتكار (AAP): لقد استعمل الناشرون نمطاً خاصاً بهم عند عملية الهيكلة، وعادةً تكون مع أصحاب المطابع ووفق المعدات الحاسوبية والبرمجيات التي يستخدمونها. ثم جاء عصر تقييس المواصفات الذي تمكن من تغيير النظم الحاسوبية مع ديمومة المعلومات، وهذا التقييس المخصص للأشكال المختلفة التي تتلاءم مع مراحل الإنتاج يندرج ضمن عائلة المواصفات التي ترجع إلى مواصفة لغة الترميز العامة القياسية SGML (Standard Generalized Markup Language) ، وهي معيار قياسي تم وضعه عن طريق Charles Goldfarb عام 1979، ولم تتنبه المنظمة الدولية ISO إلا في شهر أكتوبر عام 1986.

المطلب الثاني: معايير اختيار الدوريات الالكترونية

هناك مجموعة من المعايير يجب على كل مكتبة أن تأخذها في الاعتبار، قبل أن تقرر الاشتراك في أية دورية الكترونية، وهذه المعايير هي ⁽¹⁾:

أ. يجب أن يكون للمجلات المختارة هيئة تحرير أكاديمية أو جهة أكاديمية، والتركيز على السمعة العلمية الرصينة للمجلات.

ب. يجب أن تغطي المجلة فجوة موضوعية ضمن موضوعات كشافاتها، والتركيز هنا على حداثة موضوع الدورية، وانه غير مطروق سابقاً في المجلات الورقية المشمولة بالتكشيف.

ج. الاهتمام بالمعلومات البليوغرافية المتكاملة للمقالة، والتأكيد على ضرورة أن تكون كافة المصادر المستخدمة والاستشهادات المرجعية متكاملة المعلومات.

د. أن تتناول موضوعات ذات اهتمام عالمي، وأن مقالاتها يكثر الاستشهاد بها في مجال التخصص.

ه. انتظام الصدور، وقد وضعت بعض المعايير الزمنية للانتظام، فمثلاً وضعت (SSCI) أن تكون الدورية منتظمة الصدور لمدة ستة أشهر متتالية وبنفس الموعد المحدد لظهورها بالضبط.

و. التركيز على المجلات التي تظهر (Image Full Text) ، وليس فقط صفحات المحتويات (Contents) ، مع قلة الأخطاء الطباعية، وشكل الإظهار للمقالة (Display Format) .

ز. عدد المستفيدين والمستخدمين الذين يستطيعون الدخول إليها في المرة الواحدة.

---

1 - د. عامر إبراهيم قنديلجي، د. إيمان فاضل السامرائي، الدوريات الالكترونية: ماهيتها، وجودها ومستقبلها في المكتبات العربية، مرجع سابق، و هاني جبر ، مرجع سابق، ص6،7.

ح. سعر الاشتراك والكلفة السنوية، ومدى الخصم إن كان ممكناً، ومراعـاة شروط الشركات، وعوامـل تحديد الأسعار.

ط. سهولة عملية البحث باستخدام الطريقـة البولينيـة، وتـوافر البحـث المتقـدم (Advanced Search).

ك. طريقة النشر، هل تم نشرها رقمياً فقط، أو رقمياً وورقياً.

المطلب الثالث: أسس اختيار الدوريات الإلكترونية

هناك مجموعة من الأسس العامة في اختيار الدوريات الالكترونية يمكن حصرها في ثلاثة محاور هي[1]:

أولاً. تحديد العناوين المطلوبة

يجب على المكتبة أن تقوم بتحديد العناوين التي ستقوم بطلبها لتكون ضمن مقتنياتها، حيث إن هناك عدة مشاكل للتعامل مع الدوريات الالكترونية من أهمها حداثة ظهورها وقلة وجود أدوات السيطرة والضبط الببليوغرافي كالأدلة والكشافات لحصر ورصد هذه الدوريات وتوفير المعلومات الكاملة عنها، إلا إن هذه المشكلة أخذت في التلاشي مع زيادة هذه الأدوات وانتشارها السريع عبر شبكة الانترنت، ومن أشهر هذه الأدوات الدليل المطبوع Directory of Electronic Journals, Newsletters and Academic Discussion Lists الصادر عن جمعية المكتبات البحيثة ARL .

ثانياً. التقويم

هناك مجموعة من المعايير المعتمدة للتحقق من الدورية المطلوبة، ومن أهم هذه المعايير:

1. الشكل الإلكتروني المتاح :

أ. Online على الخط المباشر.

ب. CD-ROM على القرص المكتنز.

1 - د. عامر إبراهيم قنديلجي؛ د. إيمان فاضل السامرائي، الدوريات الالكترونية: ماهيتها، وجودها، ومستقبلها في المكتبات العربية، مرجع سابق..

ج. Website لها موقع على الويب وبشكل مباشر.

د. Internet and other Networks من خلال شبكة انترنت وشبكات أخرى.

2. الخيارات المتاحة للاشتراك

أ. الاشتراك بالشكل الورقي مع الإلكتروني.

ب. الاشتراك بالشكل الإلكتروني فقط وترك الورقي.

ج. الاشتراك بالورقي دون الإلكتروني.

د. عـدم الاشـتراك بالشـكل الإلكتروني والاكتفاء بالمشاركة ضمن التبـادل التعـاوني أو الاشتراك الرمزي عبر خدمة توفير المصادر من قبل الناشرين التجاريين المتخصصين بتوفير هذا النوع من الخدمات المعروفة بـ Document Delivery Services.

هـ. الاشتراك ضمن خـدمات قواعـد بيانـات ومجهـزي خـدمات التكشيف والاستخلاص وجامعي الـدوريات (aggregators) لضـمان الوصـول لبحـوث ومقـالات منشـورة في أعداد كبيرة جدا من الدوريات ومتاحة على الخط المباشر عبر شبكة الإنترنت.

و. الحصول على الدوريات الإلكترونية كجزء من الاشتراك التعاوني والمشترك (كحصص) بالاتفاق مع جهات أخرى.

3. أسلوب الاشتراك

أ. الدفع المباشر كما هو الحال مع الدوريات الورقية .

ب. دفع رسم إجازة الترخيص للدخول إلى الـدوريات الإلكترونيـة واستخدامها (licenses) والتي تؤمن للمشترك كلمة السر والعبور Password.

4. منافذ الحصول على الدوريات الإلكترونية

أ. من خلال مجموعـة المتعـاملين في سوق المعلومـات الإلكترونيـة المعـروفين حاليـاً بــ
Aggregators.

1. Subscription agents

2. Database providers.

3. Journal titles.

4. Authors names.

وتقدم هذه الجهات خدمات التصفح والبحـث مـن خـلال الكلمـات المفتاحيـة في
عنوان المقالة وعنوان المجلـة والمستخلص إضـافة إلى اسـم الكاتـب معتمـدة في
البحث على اللغة الطبيعية والمنطق البوليني مع خـدمات الحصـول على الفصـول
كاملة وتأمينها عبر التلفاكس والبريد الإلكتروني.

ب. خدمات التكشيف والاستخلاص وهى قواعد بيانـات ببليوغرافيـة يـتم الاتصـال بهـا
من خلال مقدمي هذه الخدمة. وتقـدم خـدمات بحثيـة متقدمـة بـالاعتماد على
اللغات المقيدة controlled language وكشافات موضوعية ومكانز.

ج. الدفع مقابل المشاهدة pay-per- view وهذه خدمة جديدة طرحها نـاشرو الـدوريات
الإلكترونية وهـى الـدفع مقابـل الحصـول على مقـالات محـددة دون الحاجـة إلى
الاشتراك بكامل الدورية.

5. معايير أخرى للتقويم

أ. شروط الحصول على الترخيص أو الاشتراك.

ب. ضمان الإتاحة المستمرة والدائمة reliability of access.

ج. الثبات stability.

د. سهولة دخول المستفيد user interface.

ثالثاً. الاختيار:

وتعتمد نفس أسس اختيار الدوريات الورقية وأهمها الآتي :

أ. حاجات المستفيدين.

ب. الميزانية (الكلفة).

ج. إعادة تأهيل الكادر بشكل يتلاءم مع التعامل مع اختيار الدوريات الإلكترونية.

المطلب الرابع: مصادر وأدوات اختيار الدوريات الالكترونية

يمكن للمكتبات ومراكز المعلومات أن تحصل على الدوريات الالكترونية من خلال منافذ متنوعة، كالاتصال بقواعد البيانات عن طريق الاتصال المباشر، أو من خلال الاشتراك بالشبكات المحلية والإقليمية والدولية، أو من خلال وسطاء وتجار المعلومات، وكذلك الاشتراك في الشبكات التعاونية الخاصة بتقاسم المعرفة، ومن هذه المصادر والأدوات نذكر منها[1]:

أ. دليل أولرخ العالمي للدوريات: Ulrich's International Periodicals Directory ، يصدر هذا الدليل في طبعات سنوية، ويغطي الدوريات الصادرة في كافة أنحاء العالم. وصدرت الطبعة التاسعة والعشرون منه عام 1991/1990 في ثلاثة مجلدات، وتشمل على بيانات أكثر من 116.000 دورية جارية، وهي الدوريات التي تصدر بانتظام، كما أنه يعطي المعلومات الضرورية التالية عن كل دورية، اسم الدورية، مقدار الاشتراك، الرقم المعياري الدولي ISSN ، الناشر، اسم رئيس التحرير، تاريخ الصدور، وتتابع الصدور، خدمات التكشيف والاستخلاص إن وجدت، وأرقام التوزيع إن وجدت. وفضلاً عن صدوره بشكل مطبوع يمكن الحصول عليه الآن في شكل قرص ليزري مدمج Ulrich's Plus CD ، وعلى ميكروفيش Ulrich's Microfiche ، وعلى

---

1 - انظر د. مجبل لازم المالكي، المكتبات الرقمية، مرجع سابق، ص162-166 ، و ، حسان حسين عبابده، مصادر المعلومات وتنمية المقتنيات في المكتبات ومراكز المعلومات، عمان: دار صفاء للنشر والتوزيع، 2004، ص43 ، و ، حسان عبابده، مصادر المعلومات وبناء وتطوير مقتنيات المكتبات، عمان: المؤلف،1996، ص58.

الخط المباشر عن طريق نظام ديالوج وخدمات الاسترجاع الببليوغرافي BRS ، والوكالة الأوروبية للفضاء(ESA).

ب. الفهارس الموحدة للدوريات، ومن أمثلتها:

1. Union List of Serials in USA and Canada.

2. British Union Catalog of Periodicals.

ج. دوريات التكشيف والاستخلاص، ومن أمثلتها:

1. Index Medicus .

2. Chemical Abstracts .

3. Psychological Abstracts .

د. نظم وشبكات المعلومات التي لديها قواعد بيانات خاصة بالدوريات، ومن أمثلتها:

- مرصد معلومات الدوريات التي تمتلكه شبكة (OCLC) في الولايات المتحدة الأمريكية.

ه. الدوريات الالكترونية في الانترنت، ومن أمثلتها:

1. سباركس Sparks ، وهي مجلة روايات وشعر واهتمامات أدبية متنوعة.

2. مجلة عالم الجذور Roots World .

3. المجلة الالكترونية للفنون المرئية The Electronic Visual Art's Journal.

المبحث الثالث

نماذج من مشاريع الدوريات الالكترونية

سـوف نتطـرق في هـذا المبحـث إلى أهـم المشـاريع التـي بـذلت في إنتـاج الـدوريات الالكترونية، ومن هذه المشاريع:

أولاً: مشروع رايت بيدجز

تم إنجاز هذا المشروع من قبل مشغل الاتصالات الأمريكية AT&T بالاشتراك مع الناشر سبرنجر فرلاغ، مع إمكانيـة تطـوير هـذا المشـروع بواسـطة ناشـرين تـم الاتصال بهـم في هـذا الغرض. والهدف الرئيسي من هذا المشروع هو بناء شبكة مـن المـوزعين للـدوريات الالكترونيـة ترتبط بموزع رئيسي، ويرتكز هذا النظام في نهايته على إنتاج مجلات وتخزينها في تصـميم مـن نوع SGML . ويكـون الـربط مـن خـلال شبكة الانترنت، أو مـن عـبر الشـبكات ذات النطـاق الواسع [1].

_____

1 - كاترين لوبوفيشي؛ ترجمة حسين الهبائلي، الدورية الالكترونية، المجلة العربية للمعلومات، مج16، ع2، 1995، ص132.

ثانياً: مشروع كور Core

مشروع قامت به جامعة كورنيل Cornell في أوائل السبعينات بالتعاون مع الجمعية الكيميائية الأمريكية (ACS) . إذ قدمت الجمعية عشر- سنوات من الدوريات التي تصدرها وحولتها إلى الشكل الالكتروني [1].

ثالثاً: مشروع أدونس

يعتبر من المشاريع الرائدة في هذا المجال، وهو في موضوع الـ Biomedical إلى الجهات المستفيدة وتقديم خدمات تبادل المقالات والبحوث الكترونياً كلها مسجلة على 48 قرص مضغوط CD-ROM .

بدأ المشروع باقتراح تقدم به الناشر Elsevier Publishing Compan إلى أكثر الجهات التي تقدم خدمات التصوير في أوروبا وهي British Library Document Suppley Center ، وملخص هذا الاقتراح هو القيام بدراسة مشتركة لتحديد أكثر المقالات المطلوبة في أي مجلدات لنشرها بشكل منفصل في مجلة الكترونية وحسب الطلب. وكان من نتائج الدراسة القائمة على ما أصبح متعارف عليه الآن ببحوث السوق Market Search لتحديد احتياجات المستفيدين بدقة، وإن أكثر المقالات المطلوبة كانت في موضوع الـ Biomedical ، حيث أتضح أن عدد المقالات المطلوبة للتصوير قد بلغ عام 1983 ثلاثة ملايين طلب. وضم المشروع العديد من الناشرين المشهورين في العالم منهم: Elsevier, Blackwell, Pergammon, Springer, Academic Press, John Wiley,... .

1 - د. مجبل لازم المالكي، المكتبات الرقمية، مرجع سابق، ص157.

كان ميلاد المشروع في عرض للقرص عام 1986. وأول إرسال للمقالات كانت في بداية عام 1987،
وحددت للمشروع فترة اختبار لنجاحه من عدمه لمدة سنتين وأطلق عليها اسم Trial.

وتكمن أهمية المشروع كونه من المشاريع التعاونية بين الناشرين والمكتبات، وتحقق
الاقتصاد في خدمات الدوريات على أساس تقديم ما هو مطلوب فعلاً من المقالات المتخصصة.
وهو خطوة جديدة على طريق تحويل مصادر المعلومات التقليدية الورقية إلى مصادر
الكترونية محوسبة، وتنشيط مفهوم نوع جديد من خدمات المعلومات المعروف بالخدمات
عند الطلب Services on Demand [1].

رابعاً: مشروع رسيج

مشروع تعاوني بين جامعة كاليفورنيا (كلية الطب) وشركة AT&T وهي شركة
اتصالات، وكذلك الناشر سبرنجر Springer-verlag . وقد وضعت الدوريات التي يصدرها الناشر
في البيولوجيا الحيوية على الشبكة المحلية (LAN) . حيث بدأ المشروع في يناير 1994،
وأضيفت دوريات أخرى من ناشرين آخرين.

خامساً: مشروع اتحاد كلورادو لمكتبات البحث

حيث تم إنشاء قاعدة بيانات للتعريف بمقالات الدوريات في كشاف متاح على الخط
المباشر on-line . وقد بدأ هذا المشروع عام 1988، وكان في عام 1991 يشمل على 6،1 مليون
مقالة، وبمعدل 3000 مقالة يومياً. ويغطي

---

1 - انظر د. عامر إبراهيم قنديلجي، د. إيمان السامرائي، قواعد وشبكات المعلومات المحوسبة في المكتبات ومراكز
المعلومات ، مرجع سابق، ص80-81.

هذا الكشاف الدوريات التي ترد إلى المكتبات الأعضاء في الاتحاد والتي يزيد عددها على 10270 دورية.

سادساً: مشروع تيوليب TULIP

وهي اختصار لـ The University Licensing Program . وقد بدأ هذا المشروع في مارس 1991، وهو مشروع مشترك بين الناشر Elsevier وتسع جامعات. ويبث هذا النظام حوالي 120000 صفحة من مواد الدوريات العلمية كل عام وتحميلها على شبكة الانترنت بالحرم الجامعي. حيث اختارت كل جامعة برنامجها الخاص بالبحث والاسترجاع مع دمج ملفات تيوليب في نظم المعلومات الجامعية[1].

---

1 - د. مجبل لازم المالكي، النشر الالكتروني للدوريات، مجلة العربية 3000، ع3-4، 2002، موقع الكتروني
http://www.arabcin.net/arabiaall/3.4-2002/19.html

الفصل الرابع

النشر الالكتروني في الوطن العربي

الفصل الرابع

النشر الالكتروني في الوطن العربي

في ظل زخم التطور التكنولوجي الحالي الذي يؤثر على العالم اجمع، لا نستطيع أن ننكر أهمية هذا التطور بالنسبة للوطن العربي سواء علمياً أو تعليمياً أو إعلاميا وخاصةً فيما يتعلق بالنشر الالكتروني الذي أصبح الوسيلة الأكثر انتشاراً لإيصال المعلومة بأسهل الطرق الممكنة للمستفيدين والباحثين عنها.

مع الإشارة إلى أن الوطن العربي له خاصية في تقبل التكنولوجيا الخاصة بالنشر الالكتروني والعمل بها لتلحقه بركب الحضارة والتطور الذي يزدهر في كل لحظة في الدول المتقدمة بهذا المجال، وذلك لوجود الكثير من المشاكل المتعلقة بجوانب الحياة المختلفة كالاقتصادية والاجتماعية والتعليمية والسياسية والإعلامية ... الخ.

وكذلك المشاكل الخاصة في إنتاج وتوزيع المعرفة وبثها لمختلف شرائح المجتمع، إذ نعاني من نقص كبير في إمكانياتنا ومواردنا المادية والبشرية، والتي تعتبر الأسس التي تكرس لإنتاج المعلومات والتكنولوجيا بنفس الوقت، وكذلك تطوير صناعة المعلومة (الكتاب) وطرق تسويقها ونشرها.

لذلك فأننا سوف نبحث هذا الفصل في مبحثين، يتضمن المبحث الأول مشكلات النشر الالكتروني في الوطن العربي، ويتضمن المبحث الثاني أهم الإجراءات الواجب على المكتبات العربية اتخاذها لمواجهة التحديات التكنولوجية الحديثة.

المبحث الأول

مشكلات النشر الالكتروني في الوطن العربي

لا يخفى الدور الذي يلعبه الكتاب أو المعلومة على المجتمعات بشكل عام وعلى جميع أفرادها بشكل خاص من مساعدة في التطور والتقدم الثقافي والحضاري والتواصل العلمي وبناء صروح الحياة الفكرية والثقافية والنهوض بالمجتمعات نحو التطور التكنولوجي وبالتالي تحديث المجتمع.

ويساهم النشر الالكتروني بذلك بشكل كبير إلا أن الوطن العربي يواجه مجموعة من المشاكل في الأخذ بالنشر الالكتروني. وسوف نبحث هذه المشاكل تباعاً في المطالب التالية:

المطلب الأول: مشكلة الأمية واللغة

تعد مشكلتي الأمية واللغة من أهم المشاكل التي تواجه الوطن العربي في عمليات النشر الالكتروني، ولذلك سوف نوجزها بالتالي:

أولاً: مشكلة الأمية

تعتبر الأمية مشكلة اجتماعية كبيرة في هذا العصر خاصةً في وطننا العربي، في الوقت الذي أصبح التطور التكنولوجي يدخل جميع مجالات حياتنا، وما زلنا نحارب عدم معرفة القراءة والكتابة من عدد ليس قليل من أفراد المجتمع. وهذا ينعكس بدورة على سوق النشر ومعدلات بيع الكتب ومدى القوة الشرائية

للمواطنين مما يؤثر على تطور صناعة الكتاب [1]. وبالإضافة إلى مشكلة الأمية (عدم معرفة القراءة والكتابة) هناك أيضاً الأمية التكنولوجية التي إن وجدت بالدول المتقدمة إلا أنها منتشرة بشكل كبير في الوطن العربي، وهي تعني عدم معرفة طرق استخدام الأجهزة الحديثة في الحصول على المعلومة كالكمبيوتر والفيديو ديسك ... الخ، بالإضافة إلى عدم استيعاب وفهم مصطلحات التكنولوجيا الحديثة [2].

ثانياً: مشكلة اللغة

تعد اللغة وسيلة الاتصال بين الأفراد ونقل الأفكار والمشاعر، وبالتالي فالعلاقة وثيقة بين اللغة وعمليات النشر الالكتروني ، ذلك أن النشر هو وسيلة إيصال المعلومة والأفكار والمعرفة لأفراد المجتمع، ولأن النشر ليس إلا مرحلة ابتدائية لتواصل أوسع نطاقاً ليشمل الكتابة وما بعدها حيث يمتزج المكتوب مع المسموع والمرئي من صور ثابتة أو متحركة ليكون رسالة اتصالية كثيفة المعلومات.

ومن المهم معرفة اللغة التي سوف يتم بها النشر، حيث نجد أن اللغات الأجنبية هي المسيطرة حالياً كالإنجليزية والفرنسية على الإنتاج العلمي والثقافي [3]. مما أدى إلى عزوف الكثير من الكتاب والمؤلفين والعلماء في الوطن العربي عن الكتابة والنشر باللغة العربية، لأن المستفيدين أو طالبي المعلومة غالباً ما يلجاؤون إلى الحصول عليها باللغات الأجنبية لاعتقادهم بأنها

1- د. مجبل المالكي، اتجاهات حديثة في مجال علوم المكتبات، ط1، عمان: مؤسسة الوراق للنشر والتوزيع، 2002، ص375.

2- د. احمد أنور بدر، علم المعلومات والمكتبات ، ط1، القاهرة: دار غريب للطباعة والنشر والتوزيع، 1996، ص481 وما بعدها.

3 - د. مجبل المالكي، اتجاهات حديثة في علوم المكتبات، مرجع سابق، ص365.

أكثر دقة وصحة، وكذلك لقلة الدعاية والإعلان للكتب العربية مـما يـؤدي إلى صـعوبات في تسويقها، الأمر الذي يدعو الكتاب والمؤلفين العرب للتأليف باللغات الأكثر انتشاراً [1].

---

1 - عيسى عيسى العسافين، المعلومات وصناعة النشر، مرجع سابق، ص68-269.

المطلب الثاني: المشكلة الاقتصادية

نعلم أن الكتاب هو الأساس الذي يبنى عليه وجود النشر الالكتروني، ويواجه مشاكل جمة في الوطن العربي، وهذه المشاكل إما أن تكون داخلية أو خارجية ، لذلك سوف نناقشها كما يلي:

أولاً: المشاكل الداخلية

إن قلة الراغبين في الإطلاع على الكتاب أو اقتصار الإطلاع على طلبة الجامعات وأفراد المؤسسات العلمية أدى إلى قلة عدد النسخ المطبوعة وتضاعف نفقات الطباعة وبالتالي ارتفاع أسعارها، وارتفاع الأسعار يعتبر من أهم المشاكل التي تبرز إثناء الترويج للكتاب العربي خاصةً بتوافر البطالة والتضخم في الأسعار مما يدفع الكثيرين من الاستغناء عن شراء الكتب والتوجه لإشباع الحاجات الأساسية للمعيشة.

ثانياً: المشاكل الخارجية

نلاحظ أن الكتاب العربي خارج حدود البلد الأصلي وغالباً ما يباع بأسعار مضاعفة وذلك نتيجة لما يضاف على سعرها الأصلي من تكاليف النقل والشحن والإجراءات الجمركية وفروق العملة، مما يؤدي إلى تقليل الإقبال عليها وبالتالي تأخير بيعها وإتلافها.

ويترتب على وجود هذه المشاكل الاقتصادية التي تواجه النشر العادي مشاكل اقتصادية تواجه النشر الالكتروني وهي [1]:

---

1 - د. بهجة مكي بو معرافي، بناء المجموعات في عصر النشر الالكتروني وانعكاساته على المكتبات في الوطن العربي، المجلة العربية للمعلومات، مج18، ع2، 1997، تونس، ص137.و. د. شوقي سالم، صناعة المعلومات، مرجع سابق، ص328 وما بعدها.

أ. تحديد التسعيرة بالنسبة للمواد الالكترونية التي يتلقاها المستفيد مباشرةً من الناشر أو المؤلف.

ب. ضعف الهياكل الأساسية لتكنولوجيا المعلومات كشبكات الاتصال والقواميس والموسوعات وهذه تحتاج لمبالغ كبيرة لتطويرها.

ج. النقص الشديد في العمالة المدربة على استخدام الأجهزة الالكترونية والاعتماد الكبير على الخبرات الأجنبية وغالباً ما تتطلب هذه الخبرات مبالغ هائلة للعمل في الوطن العربي أو تدريب العمال العرب، عدا عن انتقال الخبرات المتوافرة من الدول العربية الغير نفطية إلى الدول النفطية.

د. قيام أكثر من دولة عربية بذات الجهد في مجال المعلومات مما يجعله مكرراً ويزيد من أعباء العمالة والوقت والمال في تقديم خدمات المعلومات.

هـ. الأساس الذي يبنى عليه وجود المعلومة في بعض الأحيان كإجراء الدراسات والتجارب هو المال، بحيث تحتاج إلى ميزانيات كبيرة أحياناً ولضآلة أو فقر بعض ميزانيات الدول العربية، لا تتوافر هذه الدراسات والتجارب مما يؤدي لتخلف جزئي بنقل التكنولوجيا.

المطلب الثالث: مشكلة نقص الأجهزة

تتفاوت دول الوطن العربي في إمكانية توفير الأجهزة الالكترونية الحديثة التي تمكن من إجراء النشر الالكتروني للمعلومات، حيث نجد أن الدول النفطية وإن استطاعت توفير هذه الأجهزة إلا أن غالبية الدول العربية لا تستطيع توفيرها، وذلك لأنها لا تملك الإمكانيات المادية الكبيرة التي تتطلبها أثمان هذه الأجهزة، مما يؤدي إلى نقص في توفيرها وبالتالي النقص الشديد في نشر المعلومات [1].

ونجد أن بعض الدول وأن استطاعت بمساعدات خارجية من دول أو منظمات دولية كاليونسكو أو الوايبو، إلا أنها لا تستطيع مجاراة ومتابعة التطور المتتابع للأجهزة الالكترونية، حيث أنه في فترات متقاربة نجد ظهور أجهزة حديثة وأدوات أساسية في مجال صناعة المعلومة مما يثقل كاهل هذه الدول في شراء الأجهزة الحديثة وبالتالي التراجع عن متابعة هذا التطور هذا من جهة ومن جهة أخرى نجد أن الكثافة السكانية المكتظة لبعض الدول تمنع تغطية وشمول التطور التكنولوجي لجميع أفراد مجتمعها بل للفئات الأساسية منها كطلبة المدارس.

1 - د. أبو بكر الهوش، التقنية الحديثة في المعلومات والمكتبات، مرجع سابق، ص24.

المطلب الرابع: مشكلة الحماية القانونية للمؤلفات

إن نشر المعلومات والمؤلفات بالطرق الالكترونية الحديثة يفسح المجال أمام الملايين بـل المليارات من الأفراد الإطلاع عليها والاستفادة منها، عدا عن إمكانيـة إرسـال ونقـل المعلومـات من مكان لآخر بكل سهولة ويسر ودون وجود رقابة مما يجعلها أكثر عرضة للسرقة أو النسـخ أو النقل دون معرفة الفاعل، مما يؤدي إلى عزوف الكثير من المؤلفين عن نشر مؤلفاتهم بهذه الطرق [1].

لذا نشأت فكرة حفظ حقوق المؤلفين من خلال معاهدات دولية وقوانين وضعية داخلية تتضمن عقوبات رادعة مع إيجاد بعض الدول المتقدمة نيابات عامـة متخصصـة في هـذا النـوع من الجرائم ومتابعـة مرتكبيها والقبض عليهم وتطبيق العقوبـات المنصوص عليهـا سـواء في الاتفاقيات الدولية أو القوانين الوضعية الداخلية.

وأثناء متابعة ومراقبة الدول المتقدمة لحقوق مؤلفيها ومعاقبة المعتدين عليهـا بأقصى ـ العقوبات نجد أن الوطن العربي ما زال في بداياته بهـذا المجـال حيـث يجـد صعوبة بالغـة في حماية حقوق مؤلفيها، فهناك الكثير من عمليات الاختراق لمواقع تخص الـدول بحـد ذاتهـا ولا تستطيع الدولة الدفاع عن مواقعها فكيف تحافظ على حقوق مؤلفيها [2]، وبـالرغم مـن ذلك فلا بد من الإشارة

---

1 - حسام شوقي، حماية وأمن المعلومات على الانترنت، مرجع سابق، ص149.

2 - انظر مقالة منشورة على الانترنت بعنوان (تعريف الاختراق)

www.frcu.eun.eg/a/a-penetration.htm.

وخير مثال على ذلك اختراق مجموعة من الشباب الإسرائيلي لموقع فلسطين مختص بالقدس ليقوموا باستبدال صور تتعلق بالقدس إلى صور تتعلق بالديانة اليهودية.

إلى أن دول الوطن العربي تبذل أقصى الجهود الممكنة للمحافظة على حقوق مؤلفيها وذلك من خلال التوقيع على الاتفاقيات الدولية المتعلقة في هذا المجال وتطبيقها من جهة وإصدار القوانين الخاصة بحماية الملكية الفكرية من جهة أخرى.

المبحث الثاني

أهم الإجراءات الواجب على المكتبات العربية اتخاذها

لمواجهة التحديات التكنولوجية الحديثة

في ظل التطور والتقدم وبوجود مشكلات جمة تواجه الوطن العربي بشكل عام والمكتبات بشكل خاص – مصادر المعلومات في مجتمعاتنا – لتستطيع مواكبة الدول المتقدمة فيما تصل إليه من تكنولوجيا حديثة بتوفير المعلومات فأنه يقع على عاتقها اتخاذ مجموعة من الإجراءات لتطور من ذاتها وتوفر لروادها ما يصبون إليه، لذلك سوف نبحث هذه الإجراءات في المطالب التالية:

المطلب الأول: تهيئة البنية التحتية المناسبة للعمل بالتكنولوجيا الحديثة

حتى تستطيع مكتباتنا العربية أن تكون جزءاً فعال في توفير المعلومة لطالبيها وأن تساهم بالمشاركة الجادة في طرح الحلول لقضايانا التكنولوجية الخاصة بالنشرـ الالكتروني لتحدث نقلة نوعية في مهمتها فلا بد أن تهتم ببنيتها التحتية للقيام بعملها، ويتوافر ذلك من خلال [1]:

---

1 - د. عامر إبراهيم قنديلجي. و، إيمان فاضل السامرائي، الدوريات الالكترونية: ماهيتها، وجودها ومستقبلها في المكتبات العربية، مرجع سابق.

أولاً: توفير الأجهزة الالكترونية الحديثة كالحواسيب.

ثانياً: عمل شبكات محلية واشتراك في الانترنت.

ثالثاً: تغيير فلسفة ومفهوم التعامل مع مصادر المعلومات الالكترونية الجديدة للاستفادة منها بأكبر قدر ممكن.

رابعاً: تدريب العاملين في المكتبات لتكون طاقات بشرية مؤهلة قادرة على استعمال الأجهزة الالكترونية وكيفية الحصول على المعلومات من الانترنت والانتقال من موقع لآخر وإجراء التزويد للمستفيدين بالمعلومات، وكذلك القدرة على التعامل مع الفهرسة والإعارة وخدمات المعلومات والمراجع.

خامساً: تنظيم مقتنيات المكتبات وفق أحدث نظم التصنيف والفهرسة المعتمدة دولياً وتعميم هذه الأنظمة على جميع المكتبات لتلتزم بتطبيقه.

المطلب الثاني: التعاون بين المكتبات العربية

ويكون تنشيط هذا التعاون باتخاذ الترتيبات اللازمة مثل:

أولاً: توجيه مصروفاتها لاستكمال بنيتها الاتصالية، بهدف الربط الآلي فيما بينها ليكون بأكثر من دولة [1].

ثانياً: استفادة كل مكتبة من الخبرات الموجودة في مكتبات أخرى بالدولة ذاتها، أو بدول أخرى وخاصة المكتبات الجامعية.

ثالثاً: تنشيط التعاون بين المكتبيين واختصاصي الحواسيب لتهيئة كوادر متخصصة بتقديم خدمات المعلومات بدقة.

رابعاً: تبادل المصادر والمعلومات بشكل فعلي وليس فقط التحدث دون الفعل وذلك ببناء شبكات المعلومات في مختلف المجالات [2].

خامساً: عقد الاتفاقيات بين المكتبات في مجالات الإعارة وتبادل المطبوعات والمعلومات وصور المخطوطات والوثائق.

1 - طارق محمود عباس، المكتبات الرقمية وشبكة الانترنت، ط1، القاهرة: مكتبة الأصيل للنشر والتوزيع، 2003، ص116.

2 - عبد الرزاق يونس، تكنولوجيا المعلومات، مرجع سابق، ص111.

المطلب الثالث: عدم الوقوف عند حد الاشتراك بقواعد المعلومات الالكترونية

ويكون ذلك من خلال:

أولاً: الاستفادة من التكنولوجيا لنكون منتجين للمعلومات لا مستهلكين.

ثانياً: بناء قواعد معلومات لفكرنا العربي وبثها عبر الانترنت.

ثالثاً: توفير الأطر اللازمة لتعميق التفكير حول المفاهيم الحديثة لإدارة المعلومات وذلك بإصدار فهارس عالمية وقومية ومحلية متخصصة [1].

رابعاً: القيام بالبحوث والدراسات وإصدار المطبوعات والمؤلفات والدوريات والنشرات.

خامساً: بناء بنوك معلومات من داخل الوطن العربي حتـى تعبـر عـن مجتمعنـا ولتكـون موضوعية وليس عرضه للأهواء السياسية والاتجاهات الفكرية.

1 - محمد محمود مكاوي، البيئة الرقمية بين سلبيات الواقع وآمال المستقبل، مجلة المعلوماتية، ع9، 2005، ص49.

المطلب الرابع: خلق الوعي الاجتماعي بين أفراد المجتمع بقدرات المكتبات الحديثة

لتستطيع المكتبات التقدم في المجال التكنولوجي وتطوير نفسها فلا بد من وجود مستفيدين على قدر من الإطلاع والمعرفة وحب البحث ليكون دافع أمام المكتبات بتوفير الفائدة القصوى لهم، ويجب هنا إطلاع المستفيدين على إمكانية هذه المكتبات ويكون ذلك من خلال [1]:

أولاً: التعاون مع الجهات الإعلامية كالتلفزيون والصحف والإذاعة ودور النشر بأهم وسائل الحصول على المعلومة التي تقدمها المكتبات.

ثانياً: إقامة المعارض واللقاءات والندوات والمحاضرات والدورات العلمية.

ثالثاً: إقامة نشاطات ورحلات علمية لنشر تكنولوجيا المعلومات الحديثة بين المواطنين.

رابعاً: إدخال الوسائل الحديثة في النشر الالكتروني وطرق الحصول على المعلومات في مناهج التعليم والمناهج التربوية المختلفة.

خامساً: إصدار مجلات متخصصة في المكتبات تلم بجميع الوسائل الحديثة التي تدخل المكتبات وتوفر للمستفيدين إمكانية الحصول على المعلومة بكل سهولة ويسر.

سادساً: الإسهام مع الجهات الرسمية والإدارية بتثقيف موظفيها في هذه النواحي وإعطائهم الدورات التدريبية لمواكبة هذا التطور.

---

1 - د. بهجة بو معرافي، المجلة العربية للمعلومات، مرجع سابق، ص137. و، د. مجبل المالكي، اتجاهات حديثة في مجال علوم المكتبات، مرجع سابق، ص387.

وإذا ما اتخذت المكتبات العربية الإجراءات السابقة فأنها سوف تكون في منافسة مع المكتبات العالمية في مجال توفير المعلومات ومواكبة التطور مع مراعاة جميع الايجابيات التي تنتج عن ذلك من الاهتمام بالفكر والمفكر العربي. وتوفير جميع حاجات المستفيدين من معلومات سواء عربية أو أجنبية وعدم جعل فكر المواطن العربي عرضةُ للأفكار الدخيلة المغرضة التي يحاول الغرب بكل جهده نشرها في مجتمعاتنا وتركيزها في عقول أبناؤنا، مما يبني جيل يفتخر بأمته وهويته وتاريخه قادر على بناء مستقبله على أساس متين والنهوض بدولنا العربية سياسياً واقتصادياً وثقافياً واجتماعياً.

المطلب الخامس: واقع النشر الالكتروني العربي

لن نجد ناشراً واحداً بين آلاف الناشرين العرب قد انتقل بشكل كامل من استخدام الورق والطباعة وسيارات التوزيع في نشر الكتاب والصحيفة والمجلة إلى النشر الالكتروني متعدد الوسائط، وإن كان العديد من هؤلاء الناشرين قد بدأ يدخل بالفعل حلبة النشر الالكتروني. وكذلك هناك مؤسسات نشر عربية تصدر أو تنشر أعمالاً ثقافية وفنية على اسطوانات مدمجة، وسوف تشهد السنوات القليلة القادمة مزيداً من اتساع رقعة النشر الالكتروني العربي على شبكة الانترنت وما يصاحبه من انخفاض في حجم النشر الورقي لمنتجات الثقافة العربية، وعلى أن إيقاع حركتنا في اتجاه التواجد النشري على شبكة الانترنت لا يزال أبطأ بكثير من أن يلبي الحاجات المتزايدة إلى وضع معطيات ثقافتنا وإبداعاتها المختلفة على هذه الشبكة العالمية، نروجها ونسعى لترجمة ما يمكن ترجمته منها والمساهمة في توفير كل السبل لنشر لغتنا العربية في العالم عبر حضارة الانترنت، وما زال أقل بكثير من أن يلبي حاجات القارئ العربي في المهاجر المختلفة في أمريكا واستراليا وأوروبا من الزاد الثقافي والإبداعي لثقافتهم الأم.

إن الإسراع في دخول النشر العربي الالكتروني سيتحقق لثقافتنا ولغتنا نقلة نوعية هائلة، من حيث وضعها في موقع الثقافات العالمية السائدة الآن، ويفتح أمامها فرصة التلاقي والتفاعل مع حاملي تلك الثقافات من جانب، ومن جانب آخر يعيد ربط الملايين من المهاجرين والمغتربين العرب والمسلمين في العالم بثقافتهم العربية والإسلامية، وينمي من خلالهم حركة ثقافية وفكرية عربية في مواطنهم الجديدة، ويكسر حاجز الجهل المطبق الذي تعيشه شعوب وأمم الأرض حول ثقافتنا العربية.

ومن الأمثلة على المجلات العربية التي دخلت النشر الالكتروني مجلة (العربي) وكل مطبوعاتها في شبكة الانترنت لوضعها في متناول قراء العربية في كل أنحاء العالم مساهمة في بناء وترسيخ موقع للثقافة واللغة العربية في عالم النشر الالكتروني وعولمة الثقافة [1].

1 - سـليمان إبـراهيم العسـكري، عالمنـا العـربي ومسـتقبل النشـر الالكـتروني- موقـع الكـتروني-
www.albayan.com.ae/albayan/2001/01/01/ray/13.htm.

ملحق

المصطلحات الواردة بالكتاب

ملحق

المصطلحات الواردة بالكتاب

ارتأيت أن أجمع في نهاية هذا الكتاب المصطلحات التي تم ورودها فيه، حيث وضعت المصطلحات باللغة العربية وما يقابلها باللغة الإنجليزية، فقد بينت مفهوم هذه المصطلحات لأسهل على القارئ بأن يفهمها، وتالياً هذه المصطلحات[1]:

1- عبد الله الشهري، منتديات اليسير – موقع الكتروني -

- http://www.alyaseer.net/vb/showthread.php?t=1751

– منتديات ضفاف حلم - موقع الكتروني -

http://www.d-7lm.com/vb/showthread.php?t=125

- م. رأفت نبيل علوه، تكنولوجيا في علم المكتبات، ط1، عمان: مكتبة المجتمع العربي للنشر والتوزيع،2006، ص81-82.

- د.ربحي مصطفى عليان، الفهرسة الوصفية والموضوعية التقليدية والمحوسبة، عمان: جمعية المكتبات الأردنية، 2005، 14-15.

- د. عامر قنديلجي ، د. إيمان السامرائي، تطبيقات الحوسبة في المكتبات – موقع الكتروني-

http://www.minshawi.com/other/gendelgy6.htm

- د. ربحي مصطفى عليان، د. حسن أحمد المومني، المكتبات والمعلومات والبحث العلمي، ط1، عمان: جدار للكتاب العالمي، 2006،ص39،.82.

- د. زكي حسين الوردي، مجبل لازم المالكي، المعلومات والمجتمع، ط1، عمان: الوراق للنشر والتوزيع، 2002، ص23.

- د. ربحي مصطفى عليان، أمين النجداوي، مبادئ إدارة المكتبات ومراكز المعلومات، ط1، عمان: دار صفاء للنشر-والتوزيع، 2005، ص108.251،

الأجهزة – Hardware

هي عبارة عن الحواسيب نفسها والأجهزة الأخرى الملحقة بها التي تعمل عـلـى استقبال البيانات وتخزينها ومعالجتها وإخراج النتائج.

الإحاطة الجارية - Current Awareness

وهي خدمة الهدف منها إعلام وإحاطة المستفيدين بأوعية المعلومات الجديدة بالمكتبة ، وهي تتم بعدد من الطرق منها:

أ- تصوير قوائم محتويات الأعداد الواردة من الدوريات و إرسالها إلى المستفيدين.

ب -عرض أغلفة الكتب في مدخل المكتبة ، إصدار نشرة بالمقتنيات الجديدة.

———————————— =

- http://www.websy.net/learn/internet/ginfo/1.htm

- منتديات العز الثقافية – موقع الكتروني -
http://www.al3ez.net/vb/archive/index.php/t-86.html

- موقع مركز المدينة للعلم والهندسة – موقع الكتروني -
http://mmsec.com/m4-files/terms.htm

- غالب عوض النوايسة، تنمية المجموعات المكتبية في المكتبات ومراكز المعلومات، ط1، عمان: دار الفكر للطباعة والنشر والتوزيع، 2000، ص61.

- د. مجيل لازم المالكي، المكتبات الرقمية، مرجع سابق ، ص145

- مجلة الاتصالات والعالم الرقمي، ع206، 2007 – موقع الكتروني –
http://www.al-jazirah.com/digimag/29042007/egov39.htm

- د. ربحي عليان، صناعة النشر ومشكلاتها في الوكن العربي، مجلة العربية 3000، ع1، 2003.

- د. السيد محمود الربيعي (وآخرون)، المعجم الشامل لمصطلحات الحاسب الآلي والانترنت، ط1، الرياض: مكتبة العبيكان، 2001.

الاختيار – Selection

هو عملية أي المواد التي يجب توفيرها للمكتبة، وهذا يعني إمكانية المقارنة والموازنة بين مادتين مكتبيتين أو أكثر لتقرير أي منهما يجب الحصول عليه وتوفيره للمكتبة.

الأرشيف – ARCHIVE

مخزن لتخزين نسخ البرامج والمعلومات المنسوخة على وسائط التخزين المختلفة للحماية من الفقد في حالة فقدان النسخ الأصلية.

الاستخلاص - Abstracting

وهي عملية مكملة للتكشيف حيث تقدم بيانات عن المواد المكشفة تماما كما في عملية التكشيف ولكن يضاف لها ملخص لمحتوى المادة ، و هناك أنواع من المستخلصات منها مستخلص إعلامي ، مستخلص و صفي ، مستخلص نقدي ، مستخلص مهيكل ، مستخلص مصغر ، مستخلص متحيز، ويمكن لأنواع معينة من المستخلصات أن تغني عن الرجوع إلى الوثيقة الأصلية.

الإعارة الخارجية - Borrowing

هي السماح للمستفيد بأخذ مصادر المعلومات خارج المكتبة لفترة محددة و تحت شروط خاصة ، يعيدها إلى المكتبة بعد تلك الفترة ، و يجب أن تحدد كل مكتبة سياستها تجاه الإعارة و هذه السياسة تتعلق بعدد الكتب المسموح لكل مستفيد باستعارتها ، مدة الاستعارة ، إمكانية تجديد الاستعارة ، الغرامة التي ستوقع على المستفيد في حالة تأخير المواد المعارة ، المواد المسموح

بإعارتها و المواد الغير مسموح بإعارتها مثل المراجع و الدوريات، إمكانية حجز الكتب.

الانترنت – Internet

هو عبارة عن شبكة حاسوبية عملاقة تتكون من شبكات أصغر، بحيث يمكن لأي شخص متصل بالانترنت أن يتجول في هذه الشبكة وأن يحصل على جميع المعلومات في هذه الشبكة، أو أن يتحدث مع شخص آخر في أي مكان في العالم.

إنهاء عملية التسجيل – Log off

هو إخبار النظام بأنك أنهيت عملك وستقطع الارتباط.

بايت – Byte

هي مجموعة مكونة من 8 بت، لها معنى خاص للكمبيوتر، فهي تعني حرف، أو عدد، أو علامة عنونة.

بت – Bit

هو أقل وحدة لتمثيل البيانات داخل ذاكرة الحاسب الآلي وهو يناظر نبضة كهربائية واحدة (1 أو 0).

البث الانتقائي للمعلومات - Selective Dissemination of Information SDI

هي خدمة مستحدثة تقدم باستخدام الحاسب الآلي، حيث تقوم المكتبة باختزان معلومات شخصية عن المستفيدين تعرف بسمات المستفيدين مثل الاسم، العنوان، مجالات اهتمامه، اللغات التي يجيدها... ، وعندما تأتي

مصادر معلومات جديدة إلى المكتبة يتم مضاهاة بيانات المستفيد بالأوعية الجديدة واستخلاص منها ما يناسب احتياجاته، ثم ترسل له المكتبة لإعلامه بتلك المواد الجديدة.

البحث_ Search

فحص منظم للمعلومات في إحدى قواعد المعلومات الالكترونية، ويطبق طبقاً لمعايير وإستراتيجية بحث يضعهم الباحث قبل بدء عملية البحث عن المعلومات المطلوبة، لإيجاد مادة معينة تتطابق مع تلك المعايير بصورة دقيقة وصحيحة.

برامج النشر المكتبي - Desk Top Publishing

وهي برامج لها القدرة على التعامل مع النصوص المكتوبة ومع الصورة، حيث تدمج هذه الأشكال معاً لإنتاج نشرات ومجلات مصورة.

البرمجيات - Software

هي مجموعة الأوامر والتعليمات الموجهة للحاسوب لمعالجة البيانات (المدخلات) بالطريقة المناسبة لتحقيق الأهداف المطلوبة (المخرجات).

برنامج ناشرنت - Nashernet

برنامج طورته شركة صخر ليقوم بمهام النشر على شبكة الانترنت باللغة العربية. الذي يتيح للمستخدم العربي تصميم الصفحات النسيجية العربية لنشرها على الانترنت، وهو برنامج ثنائي اللغة عربي / إنجليزي. ويتميز هذا البرنامج بدعمه الكامل للغة العربية من حيث أنواع الخطوط العربية، مع وجود شريط أدوات خاص بعمل المؤثرات على الحروف، علاوة على امتلاكه

لمكتبة ضخمة من الصفحات النسيجية الجاهزة، ومكتبة وسائط متعددة تحتوي على العديد من الصور والبرمجيات والعناصر الفعالة، لمساعدة المصمم على تصميم الصفحات المراد نشرها على شبكة الانترنت.

البريد الالكتروني - Mail Electronic

يرمز له e-mail وهو نظام يمكن بموجبه لمستخدم الكمبيوتر تبادل الرسائل مع مستخدم آخر أو مجموعة مستخدمين بواسطة شبكة اتصال، ويحتاج البريد الالكتروني إلى برنامج بريد مثل: Outlook أو Eudora ليتمكن من الإرسال.

البيانات – Data

هو مجموعة من الحقائق أو المشاهدات أو الافتراضات يمكن للإنسان أو الحاسب الآلي معالجتها والحصول منها على معلومات مفيدة، وقد تكون في صورة رقمية أو نصية أو صورة أو تاريخ ...الخ، وتعتبر البيانات المادة الخام للمعلومات.

تحميل – Upload

هو نقل ملف أو معلومات أخرى من كمبيوترك إلى الملقم عبر ارتباط شبكة أو عبر مودم.

التزويد - Acquisition

هو عملية توفير المواد المكتبية المختلفة والمناسبة للمكتبة أو مركز المعلومات من خلال الطرق المختلفة والتي تنحصر عادة في الشراء، الإهداء، التبادل، الإيداع، وذلك بعد عملية اختيار دقيق لها وفق سياسة اختيار معينة

وضمن ميزانية محددة، وذلك مـن أجـل بنـاء وتطـوير مقتنياتهـا ومجموعاتهـا بهـدف تقـديم خدمات مكتبية ومعلوماتية أفضل لمجتمع المستفيدين.

تسجيل – Log in

أي أن تقوم بتسجيل أسمك كمستخدم لنظام أو شـبكة، فيصبح لـديك اسـم مستخدم Login Name.

التشفير – Encrypt

هـو تشـفير رسـالة أو ملـف لأغـراض أمنيـة، وبـذلك لـن يـتمكن أي شـخص مـن قـراءة المعلومات الموجودة فيه إلا بكلمة المرور.

التصنيف - Classification

هو جمع الأشياء المتشابهة بحسب ما بينها من تشـابه وفصل الأشياء غـير المتشابهة أو المتنافرة بحسب ما بينها من تنافر أو عدم تنافر أو عدم تجانس ، و في مجال المكتبات هو جمع الكتب التي تتناول موضوع و احد في مكان واحد على الرفوف وفقـا لرمـوز خاصـة بكـل كتـاب تحدد حسب موضوعه ، و تقوم فكرة التصنيف على تقسيم علوم المعرفة إلى أقسام و تحت كل قسم فروع و تحت كل فرع شعب و هكذا و كل موضوع من تلك الموضـوعات يكـون لـه رمـز محدد قد يكون أرقام أو حروف أو الاثنين معا ، وكـذلك يـتم الاعتماد في التصنيف عـلى خطـة تصنيف ، من أشهر تلك الخطط على مستوى العالم تصنيف ديوي العشري ، و تصـنيف مكتبـة الكونجرس.

التصوير و الاستنساخ - Photocopying

توفر المكتبة آلات لتصوير المخطوطات و المطبوعات التي يرغب المستفيد في تصوير بعض أوراقها لتخفيف الضغط على مجموعات المكتبة وتوفيراً لوقت المستفيدين ، و غالبا ما تقدم هذه الخدمة بمقابل مالي ، وتضع المكتبات بعض القيود علة عملية التصوير كالسماح بتصوير عدد معين من صفحات الكتاب ، أو منع تصوير الرسائل الجامعية و ذلك حفاظا على حقوق التأليف و النشر.

تفويض - Proxy

طريقة يقوم بمقتضاها جهاز - موجه غالباً - بالرد على طلبات للدخول على مواقع معينة وبذلك يقوم بتنفيذ هذا الطلب بناء على الأوامر التي تلقاها وعلى التوجيه الذي صُمِمَ عليه.

تلنت – Telnet

هو بروتوكول انترنت معياري لخدمات الربط عن بعد، ويسمح للمستخدم بربط جهازه على كمبيوتر مضيف جاعلاً جهازه وكأنه جزء من ذلك الكمبيوتر البعيد.

التكشيف - Indexing

هو عملية خلق الكشافات و هو عملية تحليل لمحتوى الدوريات والصحف بهدف الكشف عن موضوعات المقالات التي تشتمل عليها ، و هناك أنواع متعددة من الكشافات منها كشافات الكتب ، كشافات الدوريات ، كشافات الصحف ، و كشافات الموضوع ، كشافات المؤلفين ، كشافات

العناوين وتنطوي عملية التكشيف على عنصريين أساسيين : العنصر الأول : المدخل أي العنصر الذي ترتب به الكشافات ، العنصر الثاني: الروابط أو الإشارات ، أي البيانات التي تذكر عن كل مادة مكشفة.

التوقيع - Signature

هو التوقيع الشخصي الذي يستخدم مع برامج البريد الالكتروني، وعادة ما تكون في ملف، ويتم إضافته في دليل الرسائل بشكل تلقائي عند عملية الإرسال، وقد يحتوي أيضاً على بيانات أخرى تخص صاحب التوقيع.

جوفر - Gopher

نظام طورته جامعة مينيسوتا الأمريكية بهدف تسهيل عملية استخدام الانترنت، وهو يعتمد على عملية البحث من خلال القوائم لقراءة الوثائق ونقل الملفات. جوفر يمكنه الإشارة إلى الملفات ومواقع تلنت ومراكز المعلومات وايس وغيرها.

حقوق النشر - Copyright

وهي الحقوق الخاصة بالتأليف سواء الكتب أو كتابة البرمجيات، حيث لا يتم استخدامها إلا بإذن من مؤلفها، وغالباً ما تضاف عبارات التحذير من انتهاك حقوق النشر في المؤلفات.

خازن المكتبة آرشي - Archie

هو أمين مكتبة الانترنت، حيث يعمل مساعدو آرشي مع الحفاظ على كتالوجات الملفات الموجودة في مواقع FTP المختلفة في الانترنت وتحديثها.

ولكي تجد موقع ملف معين، عليك أن تسأل آرشي عنه، وسيرشدك إلى مكانه في FTP التي يستخدمها الملف الذي تبحث عنه.

الخدمة الببليوجرافية - Bibliographic Service

هي إعداد قوائم بمصادر معلومات في موضوع معين بناء على طلب مستفيد معين و ربما تعتمد المكتبة في إعداد تلك القائمة على مقتنياتها الداخلية أو على ببلوجرافيات و الفهارس الحاصرة للإنتاج الفكري الخارج عن مقتنياتها ، وهذه الخدمة تفيد الباحثين حيث تحصر له أوعية المعلومات التي تتناول موضوع بحثه.

الدوريات – Periodicals

هي مطبوع دوري يصدر على فترات محددة أو غير محددة، لها عنوان واحد مميز تصدر تحته جميع أعداد الدورية، و يشترك في تحريرها العديد من الأشخاص، ويقصد بها أن تصدر إلى ما لا نهاية، أو لفترة مؤقتة. و قد تصدر يوميا، أسبوعيا، نصف شهريا ، شهريا ، ربع سنوية ، نصف سنوية ، سنوية.

الدوريات الالكترونية – E-Journals

مرصد بيانات تم كتابته ومراجعته وتحريره وتوزيعه إلكترونياً، وتعتبر من مصادر المعلومات التي لا يوجد لها نسخة ورقية. حيث يتم إدخال بيانات المقالات وتقييمها وتشذيبها وقراءتها إلكترونياً عبر طرفيات الحواسب، وتمثل تطور ونتاج المؤتمرات عن بعد.

ذاكرة الوصول العشوائية – RAM

هي الذاكرة الأساسية للحاسوب. تخزن المعلومات داخل الحاسوب بشكل مؤقت.

ذاكرة القراءة فقط - ROM

هي نوع من الذاكرة لا تفقد المعلومات حتى وأن انقطع التيار الكهربائي عن الحاسوب أو تم إغلاقه.

الرد على الاستفسارات - Reference Service

وهى تعرف أيضا بالخدمة المرجعية إلا أن التسمية الحديثة هي الرد على الأسئلة و الاستفسارات ، و في هذه الخدمة يقوم الباحث أو المستفيد بتوجيه أسئلة أو استفسارات تتعلق بموضوع ما فتقوم المكتبة بالإجابة على تلك الأسئلة باستخدام مجموعات المراجع الموجودة بالمكتبة و كذلك مصادر المعلومات الأخرى مثل الانترنت، تهدف إلى مساعدة المستفيد في استخدام مصادر المعلومات المتوفرة بمركز المعلومات و الاستفادة منها.

رقمي – Digital

أسلوب للتعامل مع البيانات أو لنقل الموجات في صورة رقمية. ويقصد بالبيانات الرقمية تلك البيانات التي تكتسب قيماً معينة منفصلة عن بعضها البعض مع الوقت، وهي عكس البيانات التماثلية التي تأخذ قيماً متصلة مع الوقت. وفي مجال الحاسب تمثل البيانات الرقمية بسلسلة من الواحد والصفر (1 ، 0) من خلال نظام ترميز معين.

الشاشة - Monitor

جهاز يعرض النص و الصورة المنشأة بواسطة الحاسوب. وفي وقتنا الحالي هناك العديد من الشاشات التي تناسب كل الاحتياجات.

الشبكات - Networks

عبارة عن مجموعة من أجهزة الكمبيوتر متصلة ببعضها البعض بخطوط اتصالات، لتتقاسم العمل فيما بينها أو لتبادل المعلومات. والإنترنت عبارة عن مجموعة شبكات متصلة ببعضها البعض.

شبكة رقمية للخدمات المتكاملة - ISDN

اختصار Integrated Services Digital Network

هو مقياس لشبكة اتصالات رقمية تمتد على جميع أنحاء العالم يقصد منها أن تحل محل كل الأنظمة الحالية بنظام إرسال رقمي متزامن كامل الازدواجية. تتصل الكمبيوترات وبقية الأجهزة بالشبكة ISDN من خلال واجهات قياسية بسيطة. عندما تصبح مكتملة , ستتمكن الأنظمة ISDN من أن تكون قادرة على إرسال أصوات وفيديو وبيانات في خط واحد - مهمة تتطلب حالية ثلاث وصلات منفصلة.

عنكبوت - Spider

برنامج وورلد وايد ويب World Wide Web يجد تلقائياً معلومات عن موقع الويب الجديدة. وغالباً ما يتم استعمال العناكب لإنشاء قواعد بيانات كبيرة عن موقع الويب تستعملها محركات البحث.

العنوان - **Address**

عنوان البريد الالكتروني لمستخدم ما، أو هو أيضا عنوان الجهاز المضيف الذي يمكن من خلاله الاتصال بهذا الجهاز المضيف، أو هو عنوان معين في الذاكرة الرئيسية للحاسب.

عنوان الموقع الالكتروني - URL

هو اختصار إلى Uniform Resource Locator هو الاسم التقني لعنوان الموقع الالكتروني على الانترنت ، أو المكان الذي يوجد به موقع معين ، فكما أن للمنزل عنوان معين للوصول إليه على سبيل المثال ، فهناك عنوان معين للوصول إلى موقع معين على الانترنت كالوصول مثلاً إلى مجلة ينابيع المعرفة على الانترنت لابد من معرفة الـ URL ، فالـ URL الخاص بينابيع المعرفة هو http://aljareh.net/ali

الفأرة - Mouse

وهو الجهاز اليدوي الذي تحركه على الطاولة لتشير إلى، أو تختار من البنود الموجودة على شاشة الحاسوب.

فاكس مودم - Fax Modem

هو اتحاد جهاز الفاكس مع المودم لتستخدمه مع جهاز الكمبيوتر. وهو يوفر لك الوقت والأوراق، لأنك سترسل الفاكس مباشرة من جهاز الكمبيوتر، بدلاً من طباعته ثم إرساله. أما الجانب السيئ فيه ،فهو أنك لا تستطيع إرسال الفاكس بأي ملاحظات أو مستندات غير موجودة في جهاز الكمبيوتر.

الفيروس - Virus

هو عبارة عن برنامج يمكنه من التخفي و الانتشار في الحاسوب. وعادة ما يكون ذلك من أجل أغراض تخريبية قد تتسبب في إلغاء الملفات أو حتى هدم النظام بأكمله.

الفهرسة – Cataloging

هي عملية الإعداد الفني لأوعية ومصادر المعلومات من كتب ودوريات ومخطوطات ومواد سمعية وبصرية ومصغرات فلمبة ... الخ، بهدف أن تكون هذه الأوعية أو المواد المكتبية أو المصادر في متناول المستفيدين من المكتبة بأيسر الطرق وفي أقل وقت وجهد ممكنين.

الفهرسة المقروءة آلياً (مارك)

-MARC: Machine Readable Cataloging

عبارة عن صيغة وتركيبة تتقبل البيانات المقروءة آلياً بموجب حقول معرفة ثابتة تشمل كل بيانات الوصف الببلوغرافي والتحليل الموضوعي لكافة أشكال وأوعية ومصادر المعلومات المكتوبة والمقروءة والمسموعة والمرئية والإلكترونية.

قاعدة البيانات – Data Base

هي مجموعة من البيانات المرتبطة بموضوع معين، ويتم تنظيم تلك البيانات في ملف قاعدة بيانات أساسي، في صورة جداول، ونماذج إدخال بيانات، واستعلامات، وتقارير، واختصارات، ووحدات نمطية، بما يتيح

التعامل مع البيانات بطريقة شمولية ومنظمة تلبي الاحتياجات المختلفة لمتخذ القرار، من حيث السرعة ونوعية البيانات المطلوبة.

قرص مرن - Floppy Disk

هو قرص متحرك (يمكن إزالته) يخزن المعلومات مغناطيسياً.ويمكن استخدامه في تبادل المعلومات بين أجهزة الكمبيوتر، أو في عمل نسخة احتياطية لملفك. ويسمى ديسك. وتأتي هذه الأقراص بحجمين وهما: الكثافة المزدوجة والكثافة العالية. ولكي تحمي أقراصك المرنة، عليك أن تحفظها بعيداً عن الحرارة والمشروبات والمغناطيس.

الكتاب- Book

مطبوع غير دوري عدد صفحاته 49 صفحة، وهو عمل فكري له بداية و نهاية و يعالج مادة علمية في احد موضوعات المعرفة البشرية.

الكتاب الإلكتروني - E-Book

هو أي كتاب أو كتيب يوجد على هيئة تقنية رقمية إلكترونية. وبالرغم من أن كل المراحل الإنتاجية (من كتابة وجمع ومراجعة ونشر) التي يمرّ بها الكتاب واحدة في حالتي الكتاب المطبوع والإلكتروني، فإن الشكل النهائي للكتاب كمنتج نهائي يختلف تماماً؛ فالكتاب الإلكتروني يقرأ من على أنواع متنوعة من شاشات العرض الخاصة بالأجهزة الإلكترونية المختلفة.

كلمة المرور - Password

هو رمز سري تستخدمه في بعض البرامج أو الاتصالات بالانترنت. بحيث لا يمكن لأحد غيرك من تشغيل البرامج أو الاتصال.

لغة اتش تي أم أل HTML

اختصار Text Markup Language Hyper هي اللغة التي تكتب بها صفحات الإنترنت الظاهرة في المتصفح، ومجرد تعلمها تستطيع أن تصمم موقع على الإنترنت، ولكن بعد ظهور برامج سهلة لتصميم صفحات الإنترنت أصبح القليل يتعلم هذه اللغة.

الماسح الضوئي – Scanner

وهو جهاز يتم توصيله بجهاز الحاسوب لكي نتمكن من مسح أو نسخ الصور والمستندات وتخزينها كملفات داخل الحاسوب.

متطفل - Hacker

هو الشخص الذي يشعر بالفخر لمعرفته بطرق العمل الداخلية للنظام أو الكمبيوتر أو الشبكات، بحيث يسعى للدخول عليها دون تصريح.

مراكز المعلومات – Information Centers

هي تلك الوحدات التي تقدم خدمات معلوماتية رفيعة المستوى في موضوعات محددة ودقيقة.

المستعرض - Browser

هي برمجيات تستخدم لخدمة الوورلد وايد ويب.، ويضم الويب معلومات عن الأفراد والشركات والمنتجات من جميع أنحاء العالم. وباستخدام المستعرض يمكنك الوصول إلى النصوص الرسوم البيانية والصوت والفيديو أيضاً. ومن أشهرها موازيك، ونت سكيب.

مصادر المعلومات الالكترونية – Electronic Resources

هي جميع مصادر المعلومات الرقمية ، والتي يمكن لجهاز الحاسوب أن يخزنها وينظمها وينقلها أو يرسلها أو يعرضها بدون أي عمليات تدخل مباشر في طبيعتها. وتشمل مصادر المعلومات الالكترونية الكتب والصحف والكشافات والمستخلصات والصور والصوت ...الخ.

مضيف - Host

غالباً ما يستخدم مصطلح (مضيف Host) للكمبيوتر الذي يتيح للمستخدمين الدخول عليه.

المعلومات – Information

هي البيانات التي تمت معالجتها لتحقيق هدف معين، أو لاستعمال محدد لأغراض اتخاذ القرارات. أي البيانات التي أصبح لها قيمة بعد تحليلها وتفسيرها، أو في تجميعها بأي شكل من الأشكال التي يمكن تداولها وتسجيلها ونشرها وتوزيعها في صورة رسمية أو غير رسمية.

معيار - Standard

مجموعة من المواصفات لتصميم البرامج يتم الاعتراف بها من قبل بائعين أو منظمة رسمية

مقالة - Article

هي مقطع من النص يوزع مجموعة النقاش "يوزنت " الموجودة على الإنترنت وتضم يوزنت آلاف المنتديات في جميع المواضيع الموجودة في هذا العالم.

ويستطيع أعضاء النادي إرسال مقالاتهم بالبريد الإلكتروني، ويمكن أن تحتوي هـذه المقـالات أي شيء كان، كطرح الأسئلة، أو شتى المواضيع المختلفة للمناقشة.

مقدم خدمة الانترنت - ISP Service Provider Internet

هو الشركة التي يقوم المستخدم - عادة - بالاشتراك لديها للحصول عـلى ربـط بالانترنـت، وهذه الشركة مرتبطة بالانترنت مباشرة من إحدى الشركات الأعضاء في CIX.

ملف – File

هي مجموعة من المعلومات المخزنة في جهاز الكمبيـوتر باسـم معـين. ويمكن اسـتخدام الملفات في تخزين النصوص والأرقام والصور والصوت والفيديو.

المكتبات الالكترونية – Electronic Libraries

هي المكتبـة التـي تتكـون مقتنياتهـا مـن مصـادر المعلومـات الالكترونيـة المختزنـة عـلى الأقراص المرنة أو المتراصة أو المتـوافرة مـن خـلال البحـث بالاتصال المبـاشر أو عـبر الشبكات كالانترنت.

المكتبات الرقمية – Digital Libraries

هي المكتبات التي تشكل المصادر الالكترونية الرقمية كل محتوياتها، ولا تحتاج إلى مبنى، وإنما لخوادم (Servers) وشبكة تربطها النهايات الطرفية.

المؤتمرات المحوسبة – Computer Conferencing

استخدام الحاسب لتمكين مجموعة عمل من التواصل معاً بالصوت والصورة وإجراء الحوار.

المؤتمرات عن بعد - Teleconferences

وهو عقد مؤتمر أو اجتماع بين عدة أشخاص في مواقع جغرافية متباعدة باستخدام وسائل اتصال سلكية أو لاسلكية، مع استخدام تقنيات حديثة تتيح لكل مشترك في المؤتمر سماع الآخرين ومناقشتهم ورؤيتهم، ومن أمثلة المؤتمرات: مؤتمرات الفيديو.

الموسوعات – Encyclopedia

دائرة معارف تشمل جميع المعاني الشاملة لموضوعات علمية وأدبية وثقافية وهندسية وطبية ...الخ، مرتبة ترتيباً هجائياً لسهولة استخدامها، وتظهر عادة في شكل مجلدات، ويحررها مجموعة من المتخصصين في المجالات المختلفة، وقد أصبحت الآن تعمل في بيئة الكترونية على أقراص الليزر أو على شبكات الانترنت.

الناشر – Publisher

هو الشخص الذي يقوم بإصدار وبيع وتوزيع الكتب أو المجلات أو الجرائد، أو قد يكون له دور في طبعها، وليس من الضروري أن يكون للناشر مطبعة أو مصنع تجليد، وقد لا يقوم بعملية البيع والتوزيع، ويتحمل الناشر مسؤولية التمويل، إلى جانب تحمله مخاطر النشر للمؤلفين.

النشر – Publishing

هو العملية التي تتضمن جميع الأعمال الوسطية بين كتابة النص الذي يقوم به المؤلف ووضع هذا النص بين أيدي القراء عن طريق المكتبات التجارية والموزعين.

النشر الالكتروني – Electronic Publishing

استخدام الأجهزة الالكترونية والتكنولوجيا الحديثة وفي مقدمتها الحاسبات الآلية في مختلف مجالات النشر كالإنتاج والتوزيع والإدارة، حيث يتم توزيعها على وسائط إلكترونية كالأقراص المرنة والأقراص المدمجة والشبكات العالمية كالانترنت بحيث يستخدمها المستفيدين (المستخدمين) بكل سهولة ويسر.

نص تشعبي – Hyper Text

طريقة لتقديم المعلومات بحيث يتمكن المستخدم من معاينتها في طريقة غير تسلسلية ، بغض النظر عن كيفية ترتيب المواضيع يمكنك استعراض المعلومات بمرونة كبيرة ، مع اختيار سلوك مسار جديد كل مرة. عندما تنقر موضعاً ساخناً أو ارتباطاً يتم تنشيط قفزة إلى مستند نصوص آخر ، قد يكون موجوداً في نفس الملقم أو في ملقم مختلف بعيد آلاف الكيلومترات.

نظام تشغيل أبل – Apple Operating System

نظام تشغيل حاسب دقيق، طورته شركة أبل لصناعة الحاسبات يحتوي على نظام التشغيل الرئيسي، علاوة على ملفات المشاركة ومنها الخاص

بالطباعة. ويتم تزويد كل عميل بنظام التشغيل هذا، مما يعني أن حاسبات الماكنتوش تأتي مجهزة للمشاركة في شبكات أبل.

الوسائط المتعددة – Multi Media

وهي إمكانية تمثيل المعلومات باستخدام أكثر من نوع من الوسائط مثل الرسومات والنصوص والصور الفوتوغرافية والفيديو والصوت والحركة.

الوصول – Access

هي عملية الوصول إلى البيانات أو الملفات أو الوحدات المحيطة أو الذاكرة ... الخ لإجراء عمليات معينة مثل قراءة البيانات أو البحث فيها أو تخزينها على وسائط التخزين المختلفة.

يوزنت – Usenet

شبكة عالمية غير تجارية تربط عدة آلاف المواقع. رغم أن هناك صلة وثيقة بين يوزنت والانترنت، إلا أنهما ليسا الشيء نفسه. فليس كل كمبيوتر موصول بالانترنت هو جزء من يوزنت والعكس. كما هو الحال مع الانترنت لا تملك يوزنت مكاناً مركزياً يتحكم بها، فمن الممكن أن يشغلها الأشخاص الذين يستعملونها. ومع تواجد ما يزيد عن 10000 مجموعة أخبار، يتم التوصيل إلى يوزنت من قبل ملايين الأشخاص في أكثر من 100 بلد كل يوم.

المراجع

المراجع

أولاً: الكتب العربية

1. د. أبو بكر الهوش، التقنية الحديثة في المعلومات والمكتبات: نحو إستراتيجية عربية لمستقبل مجتمع المعلومات، القاهرة: دار الفجر للنشر والتوزيع، 2003.
2. د. احمد فضل شبلول، ثورة النشر الالكتروني ، ط1، الإسكندرية: دار الوفاء لدنيا الطباعة والنشر، 2004.
3. د. احمد أنور بدر : الاتصال العلمي ، الإسكندرية: دار الثقافة العلمية ، 2001.
4. د.احمد بدر، المدخل إلى علم المعلومات والمكتبات، الرياض: دار المريخ للنشر، 1985.
5. د. احمد أنور بدر ، علم المعلومات والمكتبات: دراسات في النظرية والارتباطات الموضوعية، ط1، القاهرة: دار غريب للنشر والتوزيع، 1996.
6. جمال نادر، تعلم الانترنت بدون معلم، ط1، عمان: دار الإسراء للنشر والتوزيع، 2005.
7. حسان حسين عبابده، مصادر المعلومات وتنمية المقتنيات في المكتبات ومراكز المعلومات، عمان: دار صفاء للنشر والتوزيع، 2004.

8. حسان عبابده، مصادر المعلومات وبناء وتطوير مقتنيات المكتبات، عمان: المؤلف، 1996.

9. م،حسام شوقي ، حماية وأمن المعلومات على الإنترنت.- القاهرة: دار الكتب العلمية للنشر والتوزيع، 2003.

10. د.حشمت قاسم، مدخل لدراسة المكتبات وعلم المعلومات، ط2، القاهرة: دار غريب للطباعة والنشر والتوزيع، 1995.

11. د. حشمت قاسم، مصادر المعلومات وتنمية مقتنيات المكتبات، ط3، القاهرة: مكتبة غريب، 1993.

12. د، حمدي أحمد سعد أحمد، الحماية القانونية للمصنفات في النشر الإلكتروني الحديث: دراسة قانونية في ضوء قانون حماية الملكية الفكرية، القاهرة: دار الكتب القانونية، 2007.

13. م. رأفت نبيل علوه، تكنولوجيا في علم المكتبات، ط1، عمان: مكتبة المجتمع العربي للنشر والتوزيع،2006.

14. د.ربحي مصطفى عليان، الفهرسة الوصفية والموضوعية التقليدية والمحوسبة، عمان: جمعية المكتبات الأردنية، 2005.

15. د. ربحي مصطفى عليان، أمين النجداوي، مبادئ إدارة المكتبات ومراكز المعلومات، ط1، عمان: دار صفاء للنشر والتوزيع، 2005.

16. د. ربحي مصطفى عليان، د. حسن أحمد المومني، المكتبات والمعلومات والبحث العلمي، ط1، عمان: جدارا للكتاب العالمي، 2006.

17. د. زكي حسين الوردي، مجبل لازم المالكي، المعلومات والمجتمع، ط1، عمان: الوراق للنشر والتوزيع، 2002.

18. الزمخشري. جارالله أبي القاسم محمود بن عمر، أساس البلاغة، بـيروت: دار المعرفـة للطباعـة والنشر، 1982.

19. زياد القاضي (وآخرون)، مقدمة إلى الانترنت، ط1، عمان: دار صفاء للنشر والتوزيع، 2000.

20. سمير لافي (وآخرون) ، المدخل إلى الرخصة الدولية والبوابة الالكترونيـة، ط1، عـمان: دار يافـا للنشر والتوزيع، 2006.

21. د. السيد محمود الربيعي (وآخرون)، المعجم الشامل لمصطلحات الحاسب الآلـي والانترنت، ط1، الرياض: مكتبة العبيكان، 2001.

22. شادي محمود حسن القاسم، دور النشر الالكتروني في المكتبات ومراكز المعلومات (الانترنـت- المعلومات)، عمان: دار ضياء للنشر والتوزيع، 2007.

23. شعبان عبد العزيز، النشر الحديث ومؤسساته، الإسكندرية: دار الثقافة العلمية، 1998.

24. د، شوقي سالم، صناعة المعلومات: دراسة لمظاهر تكنولوجيا المعلومات المطورة وآثارهـا عـلى المنطقة العربية، الكويت: شركة المكتبات الكويتية، 1990.

25. طارق محمود عباس، المكتبات الرقمية وشبكة الانترنت، ط1، القاهرة: مكتبـة الأصيل للنشر- والتوزيع، 2003.

26. د. عامر إبراهيم قنديلجي، د. إيمان السـامرائي، قواعـد وشبكات المعلومـات المحـوسبة في المكتبات ومراكز المعلومات، عمان: دار الفكر للطباعة والنشر والتوزيع، 2000.

27. عامر محمد خير، تعلم الانترنت في أسبوع، ط1، عمان: دار عالم الثقافة، 2004.

28. عبد الحميد بسيوني، مرشد الانترنت، ط1، القاهرة: مكتبة ابن سينا، 2004.

29. د. عبد الرزاق يونس، تكنولوجيا المعلومات، عمان، جمعية عمال المطابع التعاونية، 1989.

30. د. عبد الفتاح مراد، كيف تستخدم شبكة الانترنت في البحث العلمي وإعداد الرسائل والأبحاث والمؤلفات، الإسكندرية: المؤلف، [د.ت].

31. د. عزيز الأسمر، محركات البحث على الويب، ط1، حلب: شعاع للنشر والعلوم، 2001.

32. د. عيسى عيسى العاسفين، المعلومات وصناعة النشر ، دمشق: دار الفكر، 2001.

33. غالب عوض النوايسة، تنمية المجموعات المكتبية في المكتبات ومراكز المعلومات، ط1، عمان: دار الفكر للطباعة والنشر والتوزيع، 2000.

34. د. فراس محمد العزة، فادي محمد غنمة، إبراهيم أبو ذياب، المهارات العملية في الانترنت الشبكة العالمية، عمان: دار عالم الثقافة للنشر والتوزيع،2004.

35. ماريتا تريتر؛ ترجمة مركز التعريب والبرمجة، كيف تستعمل الانترنت، بيروت: الدار العربية للعلوم، 1996.

36. د. مجبل المالكي، اتجاهات حديثة في مجال علوم المكتبات، ط1، عمان: مؤسسة الوراق للنشر والتوزيع، 2002..

37. مجبل لازم المالكي، المكتبات الرقمية، ط1، عمان: مؤسسة الوراق للنشر والتوزيع، 2005.

38. د ، محمد جاسم فلحي ، النشر الإلكتروني: الطباعة والصحافة الإلكترونية والوسائط المتعددة، عمان: دار المناهج للنشر والتوزيع، 2006.

39. د. محمد بن صالح الخليفي، الانترنت للمكتبات ومراكز المعلومات السعودية، ط1، الرياض: دار عالم الكتب، 2000.

40. محمد علي العنا سوه، التكشيف والاستخلاص والانترنت في المكتبات ومراكز المعلومات ، ط1، عمان: المؤلف، 2006.

41. د. محمد فتحي عبد الهادي، أبو السعود إبراهيم، النشر ـ الالكتروني ومصادر المعلومات الالكترونية، [د.م]: دار الثقافة العلمية، [د.ت].

42. د. نبيل علي، تحديات عصر المعلومات، القاهرة: دار العين، 2003 .

43. مصطفى رضا عبد الوهاب (وآخرون)، الانترنت ... طريق المعلومات السريع، القاهرة: مطابع المكتب المصري الحديث، 1996.

44. نسيم عبد الوهاب مطر، صلاح حميدات، إياد الشوابكة، مقدمة إلى الانترنت، عمان: دار البركة للنشر والتوزيع، 2002.

ثانياً: الدوريات

1. أمن النشر الإلكتروني، مجلة الحاسوب، الجمعية الأردنية للحاسبات، ع54، 2002.

2. د. بهجة مكي بو معرافي، بناء المجموعات في عصر النشر الالكتروني وانعكاساته على المكتبات في الوطن العربي، المجلة العربية للمعلومات، مج18، ع2، 1997.

3. د. جبريل بن حسن العريشي، النشر الالكتروني، مجلة المعلوماتية، ع2، 2003.

4. د. ربحي عليان، صناعة النشر ومشكلاتها في الـوطن العـربي، مجلـة العربيـة 3000، ع1، 2003.

5. طارق عباس، النشر الالكتروني عبر الانترنت، مكتبات نت، مج3، ع1-2، يناير وفبراير 2002.

6. كاترين لوبوفيشي؛ ترجمة حسين الهبائلي، الدورية الالكترونية، المجلـة العربيـة للمعلومـات، مج16، ع2، 1995.

7. د. مجبل لازم المالكي ، النشر الالكتروني ، رسالة المكتبة ، عمان ، مج36، ع(2،1) آذار- حزيـران، 2000.

8. د، محمد محمد أمان، النشر الالكـتروني وتـأثيره عـلى المكتبـات ومراكـز المعلومـات، المجلـة العربية للمعلومات، تونس، مج6، ع1، 1985.

9. محمد محمود مكاوي، البيئة الرقمية بين سلبيات الواقع وآمال المستقبل، مجلة المعلوماتيـة، ع9، 2005.

10. هاني جبر، الدوريات الالكترونية وقواعد البيانات المحوسبة: الخـدمات الالكترونيـة في جامعـة النجاح، مكتبات نت، مج6، ع1 (يناير، فبراير، مارس) 2005.

ثالثا: المواقع الالكترونية

1. د. احمـــد فضـــل شـــبلول، قضـــايا النشرـــ الالكـــتروني – موقـــع الكـــتروني - www.arabiancreativity.com/fad14.htm

2. تعريف الاختراق – موقع الكتروني - www.frcu.eun.eg/a/a-penetration.htm

3. د.حسانة محي الدين، قواعد البيانات على الانترنت والإفادة منها، مجلة العربية 3000، ع1، 2000

،

4. موقع انترنت،http://www.arabcin.net/arabiaall/2000/14.html

5. . سليمان إبراهيم العسكري، عالمنا العربي ومستقبل النشر الالكتروني- موقع الكتروني

www.albayan.com.ae/albayan/2001/01/01/ray/13.htm

6. سيف بن عبد الله الجابري، الدوريات الإلكترونية ودورها في خدمة البحث العلمي بالمكتبة الرئيسية بجامعة السلطان قابوس - موقع الكتروني -

http://www.cybrarians.info/journal/no5/ejournals.htm

7. د.صادق طاهر الحميري ، النشر الالكتروني وعالم من الحداثة والتجديد - موقع الكتروني -

www.nic.gov.ye/site

8. د. عامر قنديلجي ، د. إيمان السامرائي، تطبيقات الحوسبة في المكتبات – موقع الكتروني - .

http://www.minshawi.com/other/gendelgy6.htm

9. د. عامر إبراهيم قنديلجي؛ د. إيمان فاضل السامرائي، الدوريات الالكترونية: ماهيتها، وجودها، ومستقبلها في المكتبات العربية، مجلة العربية 3000، س6، ع1(مارس 2006) - موقع إلكتروني -

http://www.arabcin.net/arabiaall/1-2006/3.html

10. عبد الله الشهري، منتديات اليسير – موقع الكتروني -

http://www.alyaseer.net/vb/showthread.php?t=1751

11. د. كمال بوكزازة، الدوريات الالكترونية العلمية بالمكتبات الجامعية وأثرها على الدوريات الورقية، ع10 (سبتمبر) 2006 - موقع الكتروني -

http://www.cybrarians.info/journal/no10/ejournals.htm

12. لغة الترميز القابلة للامتداد (XML) – موقع الكتروني - http://ar.wikipedia.org/wiki/XML

13. لغة XML – موقع الكتروني -

http://www.geocities.com/actionscript4arab/programming/xml.html

14. مـــــــــــــاهــــــــــــــو الإدريسي ـــــــــــــــ - موقــــــــع الكـــــــــتروني -

http://www.sakhr.com/sakhr_a/Products/Idrisi.htm?Index=2&Main=Products&Sub=Idrisi

15. د. مجبل لازم المالكي، النشر الالكتروني للدوريات، مجلة العربية 3000، ع3-4، 2002 - موقع الكتروني -

http://www.arabcin.net/arabiaall/3.4-2002/19.html

— منتديات ضفاف حلم - موقع الكتروني -

http://www.d-7lm.com/vb/showthread.php?t=125

16. منتديات العز الثقافية – موقع الكتروني -

http://www.al3ez.net/vb/archive/index.php/t-86.html

17. موقع الكتروني -

http://www.websy.net/learn/internet/ginfo/1.htm

18. موقع مركز المدينة للعلم والهندسة – موقع الكتروني -

http://mmsec.com/m4-files/terms.htm -

رابعاً الكتب الأجنبية

1. Lancaster. F.w;electronic publishing; library trends.-vol. 37,no.3(winter 1989).

2. Spring ,Michael . b:electronic printing and publishing : the document processing revaluation . new York :

   Marcel Decker, inc ; 1991.

تنسيق وإخراج

صفاء نمر البصار

هاتف: 079 6404300

s a f a   n i m e r